AF566287

Peter Schuhmann

Kartoffeln anbauen

Kompaktwissen

Prof. Dr. Dr. h.c. Peter Schuhmann

Studium der Landwirtschaft an der Universität Leipzig. Dann langjährige Leitungstätigkeit in der landwirtschaftlichen Praxis. Promotion zum Dr. agr. an der Timirjasew-Akademie in Moskau sowie Habilitation an der Akademie der Landwirtschaftswissenschaften (AdL). Verleihung der Ehrendoktorwürde von der Agraruniversität Keszthely, Ungarn. Gastvorlesungen an der Humboldt-Universität Berlin, der Martin-Luther-Universität Halle-Wittenberg sowie weiteren Hochschulen. Sein Arbeitsgebiet umfasst die acker- und pflanzenbauliche sowie technologische Fragen des Anbaues, der Lagerung und der Vermarktung von Kartoffeln. Zahlreiche Vorlesungen, Vorträge und Veröffentlichungen zu diesem Thema. Nach seiner Emeritierung engagierte er sich zudem in der Verbandsarbeit für die deutsche Kartoffelwirtschaft und als Berater für Pflanzenbau im russischsprachigen Raum.

1. Auflage 2023

Bibliografische Information der Deutschen Nationalbibliothek
Die Deutsche Nationalbibliothek verzeichnet diese Publikation in der Deutschen Nationalbibliografie; detaillierte bibliografische Daten sind im Internet über http://dnb.dnb.de abrufbar.

ISBN: 978-3-86263-169-8

mail@agrimedia.com · www.agrimedia.com
Satz/Layout: Anna-Lena Wahl
Gedruckt in der Europäischen Union
Der Inhalt dieses Buches ist auf säurefreiem, alterungsbeständigem Papier
gedruckt, hergestellt aus chlorfrei gebleichtem Zellstoff aus FSC-zertifiziertem Holz.

Vorwort

Eine beachtliche Spezialisierung und Konzentration zeichnet sich bei den Landwirtschaftsbetrieben ab, die Kartoffeln anbauen. Dieses gilt zum Beispiel für die verschiedenen Verwendungszwecke, wie die Produktion von Speisekartoffeln, Veredelungskartoffeln, Stärkekartoffeln oder Pflanzkartoffeln. Dabei spielen der Vertragsanbau und eine enge Marktanbindung zur Absatzsicherung eine gewichtige Rolle, um den Anbau und die Vermarktung von Kartoffeln wirtschaftlich rentabel zu gestalten.

Der Anbau von Kartoffeln unterscheidet sich in einer Reihe von Merkmalen von dem anderer Hauptkulturen. Das betrifft unter anderem die Bedürfnisse an den Wuchsraum, die Frostempfindlichkeit der Pflanzen und Knollen, die Vielfalt der Krankheiten und Schädlinge und damit die Anforderungen an den Pflanzenschutz, den Einsatz von Spezialtechnik, die hohen Kosten für die Bereitstellung von Pflanzgut, die große Abhängigkeit von der Wasserversorgung und letztendlich die unsichere Wirtschaftlichkeit in Bezug zu Ertrag und Qualität des Erntegutes, immer in engem Zusammenhang mit dem Verlauf der Witterung. Hinzu kommt die Berücksichtigung der Gesetze und Vorgaben zu Umweltschutz und Klimazielen.

Die Fülle der Möglichkeiten und Erfordernissen bei der Ausgestaltung einer geeigneten Anbaustrategie erfordert ein hohes Maß an Fachwissen und Erfahrung. So umfasst die weitere Optimierung des Produktionsverfahrens den Züchtungsfortschritt mit der Bereitstellung neuer Sorten, die Entwicklung von geeigneten Präparaten für den Pflanzenschutz, die verlustarme Bereitstellung von Nährstoffen und vor allem von Wasser sowie die Weiterentwicklung und Optimierung der Landtechnik. All dieses macht immer wieder eine Bilanzierung des aktuellen Wissenstandes erforderlich. Diesem Anliegen dient die Herausgabe des Buches.

Rostock, Juli 2023 Prof. Dr. Peter Schuhmann

Inhalt

1 Boden- und Klimaanforderungen

Die Anforderungen der Kartoffel an den **Standort** lassen sich wie folgt zusammenfassen:

- Hinsichtlich Bodengüte und Vorfrucht ist die Kartoffel relativ anspruchslos.
- Es bestehen jedoch Anforderungen bezüglich Durchwurzelbarkeit, leichter Erwärmbarkeit, Stein- und Klutenfreiheit, Siebfähigkeit, geringer Hangneigung und Befahrbarkeit der Flächen.
- Ausreichende Nährstoff-, Humus- und Wasserversorgung sind Voraussetzungen für ungehindertes Wachstum. Das gilt auch für ausgeglichene Bodenverhältnisse und guten Kulturzustand innerhalb eines Schlages.
- Stauende Nässe, extreme Trockenheit und Hitze wirken negativ auf die Ertragsbildung.
- Für den Pflanzkartoffelanbau kommen als zusätzliche Anforderungen hinzu:
  - geringer Blattlausdruck in Küstenlagen und Mittelgebirgsvorlagen,
  - große Feldstücke in offener Lage (keine Tallagen oder Waldränder), nicht nahe der Ortslage,
  - Nematodenfreiheit,
  - Abstand zu Nachbarbeständen,
  - Schlaggröße nicht unter 0,5 ha.

Die Kartoffel gilt als humuszehrende Kultur, erfordert jedoch keine direkte Zufuhr organischen Düngers, wenn die Humusbilanz innerhalb der Fruchtfolge ausgeglichen ist.

Sie hinterlässt einen meist unkrautfreien, gut gelockerten Acker und lässt sich mühelos in jede Fruchtfolge einordnen.

Ein guter Kulturzustand des Bodens kann in starkem Maße negative Wirkungen ungünstiger Witterung kompensieren.

Mittlere Böden bringen meist, sowohl in trockenen als auch in nassen Jahren, befriedigende Erträge, wenn gute Wasserführung und Durchwurzelbarkeit gegeben sind.

Auf **schweren Böden** gibt es in nassen Jahren häufiger Missernten bzw. Qualitätsverschlechterungen als in trockenen Jahren.

Auf **leichten Sandböden** ohne Bewässerung sind die Ertragsschwankungen je nach Wasserversorgung besonders groß.

Der pH-Wert der Böden kann in relativ weiten Grenzen schwanken, ohne dass Auswirkungen auf den Ertrag auftreten, wenn das Puffervermögen hoch ist.

Für einen gleichmäßigen Aufwuchs sollten im Interesse der Einheitlichkeit der Partie Schläge mit ausgeglichenem Nährstoffstatus ausgewählt werden.

Für den Kartoffelanbau sind bei der Auswahl der Schläge alle Faktoren, die sich auf ein ungestörtes Wachstum, die Gleichmäßigkeit der Partie und die Gesunderhaltung des Ernteguts auswirken, von besonderer Bedeutung. Aus der Sicht der Gesunderhaltung spielt vor allem Nematodenfreiheit bei der Standortwahl eine große Rolle. Große Feldstücke in offener Lage sind aus der Sicht des Befalls mit Phytophthora besser für den Anbau geeignet als Tallagen oder Flächen an Waldrändern.

Die Wirkungen ansteigender **Bodenqualität** (Sand-Lehm-Ton) zeigen sich für ausgewählte Merkmale wie folgt (Tab. 1-1 und 1-2):

- Zunehmende Wirkung auf: Knollenertrag, Trockensubstanzgehalt, Befall mit Phytophthora, Befall mit Nassfäule, Qualität von Chips und Pommes frites,
- keine Wirkung auf: Zuckergehalt, Gehalt an Vitamin C, Eiweißgehalt, Neigung zu Schwarzfleckigkeit, Rohverfärbung, Kochdunkelung,
- abnehmende Wirkung auf: Befall mit Rhizoctonia, Schwarzbeinigkeit, Schorf, Hohlherzigkeit und Eisenfleckigkeit.

In Verbindung mit durchschnittlichen mitteleuropäischen **Klimaverhältnissen** findet die Kartoffel gute Wachstumsbedingungen. Auch nach den möglichen Veränderungen wegen des prognostizierten Klimawandels ist für die Kartoffel nicht mit gravierenden Konsequenzen zu rechnen, da sich aufgrund ihrer weltweiten Verbreitung immer noch ausreichend angepasste Formen bzw. Sorten finden.

- Die Auswirkungen der **Temperatur** und der **Wasserversorgung** auf Wachstum und Entwicklung sowie Qualitätsmerkmale von Kartoffeln sind in den Tabellen 1-1 und 1-2 dargestellt.

Tab. 1-1: Wirkung von Standortfaktoren auf ausgewählte Ertrags- und Qualitätsmerkmale von Kartoffeln (orientierende Wertung nach Literaturangaben)

Merkmal	ansteigende Bodenqualität Sand-Lehm-Ton	Witterung	
		ansteigende Wasserversorgung	gemäßigt ansteigende Temperatur und Strahlung
Bruttoertrag	positiver Einfluss	positiver Einfluss	schwach pos. Einfluss
Marktwareertrag	positiver Einfluss	positiver Einfluss	schwach pos. Einfluss
Knollenanzahl	schwach pos. Einfluss	positiver Einfluss	kein eindeutig gerichteter Einfluss
Knollengröße	positiver Einfluss	positiver Einfluss	schwach pos. Einfluss
Stärkegehalt	positiver Einfluss	schwach neg. Einfluss	schwach pos. Einfluss
Gehalt an Rohprotein	kein eindeutig gerichteter Einfluss	negativer Einfluss	kein eindeutig gerichteter Einfluss
Nitratgehalt	kein eindeutig gerichteter Einfluss	schwach pos. Einfluss	schwach pos. Einfluss
Gehalt an Vitamin C	kein eindeutig gerichteter Einfluss	schwach neg. Einfluss	positiver Einfluss
Gehalt an reduziertem Zucker	kein eindeutig gerichteter Einfluss	schwach neg. Einfluss	positiver Einfluss
Mineralstoffgehalt	schwach pos. Einfluss	kein eindeutig gerichteter Einfluss	schwach pos. Einfluss

positiver Einfluss · schwach pos. Einfluss · kein eindeutig gerichteter Einfluss · schwach neg. Einfluss · negativer Einfluss

Tab. 1-2: Wirkungen von Standortfaktoren auf ausgewählte Merkmale der äußeren und inneren Qualität sowie der technologischen Qualität von Kartoffeln (orientierende Wertung nach Literaturangaben)

Merkmal	ansteigende Bodenqualität Sand-Lehm-Ton	Witterung	
		ansteigende Wasserversorgung	gemäßigt ansteigende Temperatur und Strahlung
mechanische Beschädigungen	↓Steine/↑Kluten		
Braunfäule			
Nassfäule			
Schorf			
Eisenfleckigkeit			
Neigung zu Schwarzfleckigkeit			
Neigung zu Rohbreiverfärbung			
Neigung zu Kochdunkelung			
Geschmack			
Lagerfähigkeit			

positiver Einfluss

schwach neg. Einfluss

schwach pos. Einfluss

negativer Einfluss

kein eindeutig gerichteter Einfluss

- Gemäß der botanischen Herkunft: Anbau in kühl-gemäßigten Klimaregionen mit mittleren Jahrestemperaturen zwischen 6 bis 10 °C.
- Limite für Wachstum und Entwicklung ergeben sich aus der Frostempfindlichkeit und dem Wachstumsoptimum zwischen 15 bis 20 °C in dem jeweils wärmsten Monat (Tab. 1-3).
- Wassermangel (nutzbare Feldkapazität < 50 %) und zu große Nässe in Verbindung mit Luftmangel im Boden limitieren ebenso das Wachstum.
- Bodentemperaturen > 8 °C induzieren das aktive Keimwachstum und ermöglichen den Feldaufgang innerhalb von 20 bis 25 Tagen.
- Während der Jugendentwicklung ist der Wasserbedarf relativ gering.
- Nach dem Knollenansatz (Blühbeginn) steigt der Wasserbedarf stark an (ca. 80 bis 100 mm/100 dt Knollenmasse/ha). Während der Hauptvegetationszeit werden täglich 5 bis 6 mm Wasser aus dem Bodenvorrat benötigt, um das Wachstum nicht zu beeinträchtigen.

Tab. 1-3: Grenzwerte der Temperatur auf ausgewählte Wachstums- und Entwicklungsmerkmale

Merkmale	Wert	Bemerkung
Bodentemperatur gesichertes Wachstum • nicht vorgekeimter Kartoffeln • vorgekeimter Kartoffeln	 ab 8 °C 4°C bis 6 °C	Pflanzung bei niedrigeren Temperaturen erhöht vor allem bei nassem Boden die Gefahr von Fäulnis und physiologischen Störungen sowie Rhizoctoniabefall
Knollenbildung und -wachstum • optimal • stark gehemmt bzw. Hitzeschäden	 bei 17 °C 29 °C bis 30 °C	Tagesmitteltemperatur (20 °C am Tag, 12 °C in der Nacht) Hitzenekrosen, Fadenkeimigkeit
Lufttemperatur assimilatorisches Optimum	bei 20 °C (16 °C bis 25 °C)	höchste Rate für Nettoassimilation
Temperaturgrenzen untere Grenzen • Erfrieren des Krautes • Erfrieren der Knollen	 -1,5 °C bis -1,7 °C -1,0 °C bis -2,0 °C	bei sehr langsamer Abkühlung und Wiedererwärmung ist vorübergehende Unterkühlung auf -4,0 bis -5,0 °C möglich (Überdauerung und Wiederaustrieb)
obere Grenzen • für ruhende Knollen • für keimende Knollen	 etwa 45 °C etwa 40 °C	Fadenkeimigkeit bzw. Verlust der Entwicklungsfähigkeit bei kurzzeitiger Einwirkung

Der richtige Standort

Kartoffeln bevorzugen nährstoffreiche, humose, siebfähige Böden mit ausgeglichener Wasserführung. Die Böden sollten darüber hinaus möglichst krümelstabil, klutenarm, leicht erwärmbar und steinfrei sein. Ausreichend abgetrocknete und lockere Böden bieten Kartoffeln ideale Wachstumsbedingungen. Das Optimum der Tagestemperatur für die Knollenbildung liegt bei 20 bis 22 °C.

Auch auf anderen Standorten werden erfolgreich Kartoffeln angebaut, obgleich hier die Produktionsbedingungen entsprechend angepasst werden müssen. Auf schweren, bindigen oder sehr leichten Böden mit geringer Wasserhaltefähigkeit ist allgemein mit Ertrags- und Qualitätseinbußen zu rechnen. Schwere Standorte erwärmen sich im Frühjahr nur schlecht, bilden oft Kluten und führen somit zu Verwachsungen an den Knollen. Auf leichten Standorten neigen Kartoffeln zu Schorf und benötigen als Ausgleich eine Beregnung.

Auf schweren Böden ist eine Herbstfurche zu empfehlen, da die in der Regel folgende Frostgare den Boden gut krümelt und durchlüftet. Ebenso entwickelt sich die Wasserführung dann besser. Im Frühjahr ist hier in der Regel eine Pflanzbettbereitung mit einer Bearbeitungstiefe von etwa 20 cm erforderlich. Dies stellt nicht nur einen ausreichend lockeren Boden für den Dammaufbau sicher, sondern fördert auch die gleichmäßige Durchwurzelung der Ackerkrume und vermindert das Risiko eines Herauswachsens der Knollennester aus dem Damm.

Auf leichten, strukturarmen Böden ist hingegen die Frühjahrsfurche von Vorteil, da sich der Boden dann zügig erwärmt und die Struktur stabilisiert wird. Handelt es sich um sehr leichte Böden, hat die Frühjahrsfurche durch die erhöhte Verdunstungsrate (Evaporation) jedoch oft einen negativen Einfluss auf den Wasserhaushalt.

⊘ Checkliste Anbauplanung

Versuchsstation Dethlingen

Schlaghistorie	✓	Anmerkungen
weite Fruchtfolge reduziert Schaderreger	☐	
bei konkretem Befallsverdacht Untersuchungsmöglichkeiten nutzen	☐	
geeignete Vor- und Zwischenfrüchte verbessern Ertrags- und Qualitätsaussichten	☐	
für nässegefährdete Flächen fäulnisresistentere, früher reifende Sorten wählen, evtl. auf Lagerung verzichten	☐	
hoher Besatz mit Durchwuchskartoffeln verstärkt Vermarktungsrisiko	☐	
Bodenzustand		
Boden muss über die gesamte Arbeitstiefe abgetrocknet sein, evtl. in mehreren Schritten bearbeiten	☐	
zu feuchter Boden verschmiert auch beim Legen im Bereich der Furchenzieher und beim Dammaufbau	☐	
Pflanzen benötigen lockeren Boden = ausreichend Sauerstoff für Wachstum und aktive Schaderregerabwehr	☐	
Wirkung der Beizung lässt bei zu feuchtem Boden deutlich nach	☐	
Lufttemperatur ist nicht gleich Bodentemperatur, vorher messen und Wachstumsgrenzen der Keime beachten	☐	
≥ 5 °C vorgekeimte Knollen	☐	
≥ 8 °C keimgestimmte Knollen	☐	
≥ 10 °C nicht konditionierte Knollen	☐	
Triebkraft		
schonende Aufbereitung und anschließende Wundheilung	☐	
sorten- und partienspezifische Konditionierung (Keimfreudigkeit, Augentiefe, Wasserverluste, Temperaturregelung)	☐	
hohe Triebkraft ersetzt keinen schlechten Bodenzustand	☐	

2 Fruchtfolge

Die Kartoffel zählt zu den landwirtschaftlichen Kulturen, die hinsichtlich der Einordnung in Fruchtfolgen keine Probleme bereiten. Folgende Überlegungen zur Eignung der Schläge haben bei der Standortwahl aus der Sicht von:

- technologischer Eignung,
- Ertragsfähigkeit,
- phytosanitärem Zustand,
- Möglichkeit der Beregnung,
- betriebswirtschaftlicher Situation

beim Anbau von Kartoffeln ihre Berechtigung.

Gute **Vorfrüchte** zu Kartoffeln sind Pflanzen, die einen gut durchwurzelten garen Boden hinterlassen (Tab. 2-1). Das sind z. B. Klee, Kleegras und Feldgras. Die Mehrheit der Kartoffeln steht jedoch nach Getreidearten. Durch den Anbau von **Zwischenfrüchten** kann deren Vorfruchtwert aufgebessert werden. Erwünschte Effekte des Zwischenfruchtanbaus sind:

- Erhalt und Verbesserung von Struktur, organischer Substanz sowie physikalischen und chemischen Eigenschaften des Bodens.
- Verringerung von Verdunstung, Nährstoffauswaschung und Erosionsgefahr durch Bodenbedeckung.
- Erhöhung der Produktivität des Standortes durch bessere Wasser- und Nährstoffverfügbarkeit.
- Verringerung des Krankheits- und Schädlingsdrucks insbesondere bodenbürtiger Erreger (phytosanitäre Wirkung).
- Verhinderung oder Zurückdrängung von schwer bekämpfbaren Unkräutern.

Besonders geeignet für den Zwischenfruchtanbau sind über Winter abfrierende Kulturen, wie Senf und Ölrettich.

Tab. 2-1: Eignung der Vorfrüchte zu Kartoffeln

Fruchtart			Eignung		
	Luxus	gut	möglich	bedingt	nicht
Getreidearten		×			
Silomais			×		
Winterraps	×				
Körnerleguminosen	×				
Kartoffeln					×
Zuckerrüben			×		
Feldfutter		×			
Stilllegung, Grünlandumbruch				×	

Tab. 2-2: Eignung der Kartoffel als Vorfrucht, getrennt nach Reifegruppen (1 bis 4)

Fruchtart	Eignung				
	Luxus	gut	möglich	bedingt	nicht
Wintergerste		1+2	3+4		
Winterroggen	1+2	3	4		
Winterweizen	1+2	3+4			
So-Gerste, Hafer	1-4				
Silomais	1-4				
Winterraps		1+2			
Körnerleguminosen	1-4				
Kartoffeln					1-4
Zuckerrüben	1+2		3+4		
Feldfutter	1-4	1+2		3+4	

Kartoffeln sind mit sich selbst verträglich, sollten jedoch aus Gründen der verbesserten **Feldhygiene** (Nematoden!) innerhalb der Fruchtfolge möglichst weit auseinanderstehen, mit einer **Anbaupause** von mehr als drei bis vier Jahren. Das gilt auch beim Anbau von Sorten mit Resistenz gegenüber Nematoden.

Der gute **Vorfruchtwert** der Kartoffeln (Tab. 2-2) ergibt sich aus:

- dem wegen der Beschattung meist in gutem Garezustand hinterlassenen Acker,
- dem meist stark verminderten Unkrautdruck,
- der Möglichkeit pflugloser Bestellung von Wintergetreide.

Allerdings können mit dem Kartoffelanbau auch unerwünschte Effekte auftreten:

- verstärkter Humusabbau wegen geringer Ernterückstandsmengen und bei intensiver mechanischer Pflege,

Abb. 2-1: Winterraps und Zwischenfrüchte sind ideale Wegbereiter der Kartoffel.

Abb. 2-2: Zwischenfrüchte dienen der Gründüngung und Bodenverbesserung. Nach der Wachstumsphase werden sie vollständig mit Stängel, Blättern und Wurzeln in den Boden eingearbeitet. So reichern sie den Boden mit organischer Masse an und fördern die Bodenfruchtbarkeit.

- Verunkrautung der Nachfrucht bei Kartoffeldurchwuchs,
- Förderung schwer bekämpfbarer Unkräuter bei Einsatz selektiv wirkender Herbizide.

Die Beachtung der genannten Fruchtfolgeprinzipien kann, je nach betrieblicher Situation, eine Reihe von Maßnahmen erfordern (Tab. 2-3).

Tab. 2-3: Maßnahmen zur Durchsetzung von Fruchtfolgeprinzipien bei Kartoffeln

Ziele	Maßnahmen
Sicherung der Mechanisierbarkeit der Feldarbeiten	• Aussonderung steiniger, hängiger und inhomogener Schläge • Eignung für mechanisierten Anbau bei niedrigen Knollenbeschädigungen durch Steine und Kluten
Erhöhung der Bodenfruchtbarkeit	• Sicherung der erweiterten Reproduktion der organischen Substanz • Einordnung mehrjähriger Feldfutterpflanzen vor der Vorfrucht (Verqueckung), Sommerzwischenfrüchte vor Kartoffeln
Sicherung einer ausreichenden Vegetationszeit und Bodennutzung	• Anbau in Hauptfruchtstellung • Wahl frühräumender Zwischenfrüchte • Reifegruppenverhältnis beim Pflanztermin berücksichtigen • Keine Auspflanzverzögerung durch Stalldunggabe • Vorbehandlung des Pflanzguts
Bekämpfung von Schädlingen und Krankheiten	• Mindestanbaupausen (Speisekartoffeln 3 Jahre, Pflanzkartoffeln 4 Jahre) einhalten • Planmäßige Sanierung bei Nematodenbefall • Vermeiden von Kartoffeldurchwuchs
Bekämpfung von Unkräutern	• Stoppelnachbearbeitung bzw. Sommerzwischenfruchtanbau vor Kartoffeln • Kombination von chemisch-mechanischer Bestandspflege

Weite Fruchtfolge

Der Anbau von Kartoffeln wird vor allem in einer zu engen Fruchtfolge zu einer größeren Herausforderung – nicht nur wegen zunehmender Resistenzen oder fehlender neuer Wirkstoffe, sondern auch, um die Ertragsfähigkeit des Standorts zu erhalten.

Anbaupause beachten

Die Kartoffel zählt zu den Kulturen, die sehr empfindlich auf eine zu kurze Anbaupause reagieren und dieses innerhalb weniger Jahre mit nachlassenden Erträgen und Qualitäten deutlich machen. Auf vielen Betrieben steht die Kartoffel daher in einer mindestens vierjährigen Fruchtfolge. Jedes weitere Jahr Anbaupause führt zu noch positiveren Effekten. Mit dem wechselnden Anbau unterschiedlicher Früchte verschlechtern sich für die meisten Schaderreger die Bedingungen, sodass es zu einem natürlichen Rückgang des Infektionsdrucks kommt. Dieser wichtige Wirkmechanismus wird nicht nur durch kürzere Anbaupausen, sondern auch durch das Auftreten von Kartoffeldurchwuchspflanzen in den Folgekulturen geschwächt.

Vorfruchtwirkung einplanen

Langjährige Fruchtfolgeversuche der Landwirtschaftskammer Nordrhein-Westfalen haben gezeigt, dass eine weite Fruchtfolge mit der Vorfrucht Winterweizen (Hauptfrucht) oder Ölrettich (Zwischenfrucht) besonders gut geeignet ist. Vor allem in Jahren mit Pflanzenstress (Trockenheit, Krankheitsdruck etc.) wirkt sich dieses noch deutlicher aus. Auch die Einarbeitung oder Abfuhr von Stroh der Vorfrucht spielt eine große Rolle, denn eine Strohauflage bietet gute Bedingungen für Rhizoctonia. Um die phytosanitäre Wirkung von Ölrettich nutzen zu können, muss der Bestand frei von Ausfallgetreide und Unkräutern sein, denn diese sind Überträger des TR-Virus.

Humusversorgung sicherstellen

Es sollten auch Kulturen in die Fruchtfolge integriert werden, die zum Humusaufbau beitragen. Die tote organische Substanz ist besonders wichtig für die Bodenfruchtbarkeit. Kulturen sind humusaufbauend, wenn mehr Pflanzenbiomasse auf dem Feld zurückbleibt als zur gleichen Zeit im Boden von den Mikroorganismen abgebaut wird. Solche Kulturen sind zum Beispiel Kleegras, Ackerbohnen oder Zwischenfrüchte. Kulturen, wie Zuckerrüben, Kartoffeln oder Futtermais, gelten dagegen als humuszehrend. Bei ihrem Anbau wird im Boden mehr organische Masse abgebaut, als durch Pflanzenreste hineingelangt.

Zwischenfrüchte tun gut

Zwischenfrüchte, wie Gelbsenf, Ölrettich, Phacelia, Klee – oder auch Mischungen daraus, die in den Anbaupausen zwischen den Hauptkulturen kultiviert und in den Boden eingearbeitet werden, erweitern nicht nur die Fruchtfolge, sondern bereichern das Bodenleben, verbessern die Bodenstruktur für die Durchwurzelbarkeit und sorgen für einen ausgeglichenen Wasserhaushalt sowie durch organische Masse für reichlich Humusneubildung. Sie bedecken den Boden und schützen ihn so vor Nährstoffverlusten, Erosion und Austrocknung.

3 Sortiment und Sortenwahl

Im Jahre 2020 kamen in Deutschland insgesamt 387 Kartoffelsorten zum Anbau. Davon waren 179 Sorten, die in anderen EU-Ländern zugelassen sind und zur Vermehrung in Deutschland als anerkennungsfähige Sorten gelten.
Das Bundessortenamt gibt jährlich die **Beschreibende Sortenliste** für Kartoffeln heraus, in der alle in Deutschland zum Anbau zugelassenen Sorten mit ihren Eigenschaften beschrieben werden. Dabei erfolgt eine Unterteilung in Speisesorten und in Wirtschaftssorten. Sorten mit Eignung für die Veredelung sind sowohl in der Gruppe Speisesorten als auch in der Gruppe der Wirtschaftssorten enthalten.

Die **Sortenmerkmale** werden vor allem unterschieden nach:

- Vegetationsdauer (Reifegruppen sehr früh, früh, mittelfrüh, mittelspät bis sehr spät),
- Verwendungseignung (Eigenschaftsgruppen Speise- oder Wirtschaftskartoffeln),
- Resistenzeigenschaften (Krebs, Nematoden),
- Anfälligkeiten (Viruskrankheiten, Fußkrankheiten, Phytophthora, Eisenfleckigkeit, Schorf),
- Neigung zu Knollenmängeln,
- Ertragsmerkmalen,
- morphologischen Eigenschaften,
- Qualitätseigenschaften.

In der Beschreibenden Sortenliste werden die Sorten nach folgenden Merkmalen charakterisiert:

- Stauden- und Knollenmerkmale,
- Resistenz und Anfälligkeit gegenüber Krankheiten,
- physiologische Besonderheiten der Knollen, Ertrag und Sortierung,
- Koch- und Speiseeigenschaften,
- Zuordnung von Speisesorten nach Knollentyp und -form,
- Eignung zur Herstellung von Veredelungsprodukten.

Die Angaben in der Beschreibenden Sortenliste basieren auf mehrjährig an vielen Orten erfolgten Prüfungen.

Da durchaus Abweichungen in der Ausprägung der verschiedenen Sorteneigenschaften auftreten können, ist es sinnvoll, sich zunächst durch einen Probeanbau mit einer neuen Sorte bekannt zu machen.

Dazu kommt noch, dass sich unter den differenzierten natürlichen und betrieblichen Anbaubedingungen der Praxis die genetisch fixierten Eigenschaften einer Sorte sehr unterschiedlich ausprägen können. Es ist bekannt, dass sich durch die unterschiedliche Jahreswitterung bestimmte Sortenmerkmale unterschiedlich ausprägen und auch der Herkunftswert einer Pflanzgutpartie oft stärker auf den Nachbau als die Sortenunterschiede einwirken können.

Zu der ohnehin großen Anzahl angestrebter Eigenschaften kommen zunehmend zusätzliche Anforderungen an die **Neuzüchtung** von Kartoffelsorten hinzu, z. B. hinsichtlich verbesserter Resistenzen gegenüber Wassermangel, Hitzestress, Krankheiten und Schädlingen oder besserer Nährstoffeffizienz und Lagereignung. Diese können wegen hoher regulatorischer Hürden für neue Züchtungsmethoden nur sukzessive erfüllt werden.

Dass Möglichkeiten zur Bereitstellung von Sorten mit speziellen Eigenschaften bestehen, beweist das große Spektrum an Sorteneigenschaften im bereits vorhandenen Sortiment. Für das Merkmal Trockenstress haben sich Sorten, wie z. B. Soraya, Albatros, Jelly und Alegria, auf unberegneten Standorten gut bewährt. Im Hinblick auf die Düngeverordnung können Low-Input-Sorten, wie Soraya, Goldmarie oder Paroli, mit einem höheren N-Ausnutzungsvermögen helfen, problematische Stickstoffbilanzen abzumildern. Extrem keimruhige Sorten, wie z. B. Wendy, können behandlungsfrei bis in den Frühsommer erfolgreich gelagert werden. Spezielle Kaltlagersorten, wie Kiebitz, können geraume Zeit bei 4 °C gelagert werden, ohne ihre Eignung zur Veredelung wegen erhöhten Gehaltes an reduzierenden Zuckern einzubüßen.

Die **Sortenwahl** wird ganz wesentlich vom Abnehmer (Vertragspartner) gesteuert, sodass im Endeffekt nur wenige Sorten eine anbaubestimmende Wirkung haben. Dabei stehen weniger die Interessen des Anbauers für den Feldanbaus im Vordergrund, sondern die Eignung der Sorte aus der Sicht des Vertragspartners

Abb. 3-1: Neuzucht von Kartoffelsorten – (a) Kastration der weiblichen Blüten zur Vorbereitung der Bestäubung im Rahmen der Kreuzung, (b) Pikieren der Neuzuchtsämlinge in Gewächshaustöpfe, (c) Kartoffelpflanzen im Gewächshaus, (d) Anbau der neuen Sorten im Feld.

Abb. 3-2: Erhaltungszucht – schnelle Vermehrung (*in vitro*) von Meristempflanzen auf Nährmedium in Wachstumsgefäßen in der Klimakammer

Abb. 3-3: Präsentation der neuen Sorten, wie hier im Bild auf der Potato Europe

hat erste Priorität bei der Entscheidung zum Anbau.

Der **Pflanzgutwert** einer Partie wird neben den genetisch fixierten Sortenmerkmalen vom jeweiligen aktuellen Gesundheitszustand und dem sogenannten Herkunftswert ganz wesentlich bestimmt.

Der **Gesundheitswert** von Pflanzkartoffeln wird am stärksten durch den Grad des **Virusbefalls** bestimmt. Hinzu kommt noch eventueller Befall mit weiteren Krankheitserregern bzw. mit bereits erkennbaren Krankheiten und Knollenschäden. Auch der physiologische Zustand der Knollen charakterisiert den Gesundheitswert einer Partie.

Hinsichtlich der Wirkung des Standortes auf den **Herkunftswert** einer Pflanzgutpartie gibt es gesicherte Erkenntnisse zu Faktoren, die beim Nachbau wirksam werden können, so die Witterung, die Bodenqualität und Bodenbedingungen sowie die Nährstoffversorgung.

Insgesamt gilt, dass die Wirkungen des Herkunftswertes oft stärker als die Sorteneigenschaften Ertragsleistung und Qualität des Aufwuchses bestimmen. Noch stärker wirken der Gesundheitswert einer gegebenen Partie und natürlich die Anbaubedingungen des jeweiligen Standortes sowie die Jahreswitterung auf Höhe und Qualität der neuen Ernte.

Der **physiologische Zustand** einer Partie ist weder ein Sortenmerkmal noch ist er dem Gesundheitswert und dem Herkunftswert direkt zuzuordnen.

Durch unterschiedlichen physiologischen Zustand kann trotz gleicher Knollenmasse die Anzahl keimender Augen und damit die Anzahl der Hauptstängel, der Stolonen und der Knollen je Pflanze stark modifiziert werden. Das wird insbesondere durch Einflussnahme auf das physiologische Alter über die von den Knollen aufgenommene Wärmesumme, durch Steuerung der Lagerungstemperatur und Formen der Pflanzgutbehandlung erreicht.

Das Maß zur Bewertung des physiologischen Alters von Kartoffeln sind Gradtage als Summe der Tagesmitteltemperaturen im Lager nach Beendigung der Keimruhe. Gut gelagerte Pflanzkartoffeln haben etwa 400 bis 800 Gradtage, wärmer gelagerte entsprechend mehr. Diese Maßgabe ist leider wenig praktikabel und erfasst auch nicht alle Einflussgrößen, die den aktuellen physiologischen Zustand einer gegebenen Partie bestimmen. Die Hauptmethode besteht in der Beurteilung einer Partie unter Beachtung solcher Merkmale, wie: Turgeszenz und innere Mängel.

Die Möglichkeit der Erfassung weiterer wichtiger, den physiologischen Zustand prägender Merkmale besteht für den Pflanzgutkäufer nur in Ausnahmefällen.

Für den **Handel mit Pflanzkartoffeln** gelten zwar klare Bestimmungen und Regeln, dennoch kommt es sehr häufig zu Verdruss und Beanstandungen.

Neben den in der Pflanzkartoffelverordnung verankerten Parametern für die Beschaffenheit des anzuerkennenden Pflanzguts sind die Anforderungen an die Qualität der Pflanzkartoffeln auch in den deutschen Kartoffelgeschäftsbedingungen (Berliner Vereinbarungen) fixiert:

- Pflanzkartoffeln sind sortenecht, sortenrein, in handelsüblichem Sinne sauber und trocken, gesund und erdfrei sowie ordnungsgemäß sortiert zu liefern.
- Pflanzkartoffeln dürfen nur vertrieben werden, wenn sie die Anforderungen an die Größensortierung erfüllen.
- Zwischengrößen dürfen nicht entnommen werden.
- Die maximal zulässigen Anteile an Knollenkrankheiten und äußeren Mängeln in anerkannten Pflanzgutpartien sind je nach Anbaustufe vorgegeben.
- Pflanzkartoffeln dürfen nicht vertrieben werden, wenn das Pflanzgut mit keimhemmenden Mitteln behandelt oder zur Keimhemmung bestrahlt wurde oder geschnitten ist.

In den oben genannten Verordnungen sind auch die Parameter bzw. Grenzwerte zur Festsetzung von Minderwert, zur Abnahme nach Sortierung sowie zur Abnahmeverweigerung enthalten. Im internationalen Handel müssen Pflanzkartoffeln ebenfalls bestimmte Mindestanforderungen erfüllen. Im europäischen Kartoffelhandel gelten die RUCIP-Regularien.

Bei Streitigkeiten zwischen den Vertragspartnern können Sachverständige herangezogen werden, die die gerügten Mängel feststellen und danach in entsprechenden Gutachten für Pflanzkartoffeln Empfehlungen geben, wie mit der mängelbehafteten Ware umzugehen ist. Falls beim Empfang des Pflanzguts äußerlich keine Mängel festzustellen waren, jedoch im Feldbestand sogenannte geheime Mängel sichtbar wurden, ist dennoch eine Mängelrüge möglich. Der bei der Benennungsstelle angeforderte Sachverständige kann in diesem Fall auch ein Bestandsgutachten vom gerügten Feldbestand anfertigen.

4 Bodenbearbeitung

Durch zielgerichtete Maßnahmen der Bodenbearbeitung sollen einerseits ein für das Pflanzenwachstum **günstiger Bodenzustand** erreicht und andererseits Schäden für den Boden vermieden werden. Das Bodengefüge soll mit den jeweilig gewählten Maßnahmen in den gewünschten Zustand hinsichtlich des Verhältnisses von Bodenpartikeln sowie Wasser und Luft im Boden gebracht werden.

Dabei geht es gleichzeitig um das Erreichen weiterer Effekte, wie Einarbeiten und Vermischen von organischer (Stalldung, Gülle, Gründung, Erntereste, Unkraut) und mineralischer (Mineraldünger) Substanz.

Weitere Ziele sind:

- Einschränkung unproduktiver Wasserverdunstung,
- Bekämpfung von Unkräutern und tierischen Schädlingen,
- Verminderung von Krankheitsdruck,
- Verbesserung der Nährstoffverfügbarkeit,
- Einschränkung von Erosion, Bodenabtrag und Verdichtungen unterhalb der Pflugsohle.

Diese Ziele müssen unter zunehmendem Kostendruck mit möglichst wenigen Arbeitsgängen und geringstmöglicher Bearbeitungsintensität erreicht werden.

Bei der **Bodenbearbeitung** sind zur Umsetzung der jeweiligen Zielstellung immer die Eigenschaften und Anforderungen des Arbeitsgegenstandes Boden zur Erhaltung und Mehrung seiner Fruchtbarkeit zu berücksichtigen. Die Kenntnisse zu seinem aktuellen und potentiellen Zustand sowie die wichtigsten Merkmale seiner Charakterisierung sind für die Wahl und die Durchführung der erforderlichen und geeigneten Prozessschritte bei der Bodenbearbeitung unerlässlich. Dazu zählen unter anderem:

- Aufbau nach Horizonten (A-, B- und C-Horizont),
- Kapillarität,
- Luft-Wasser-Haushalt,
- Bodenlebewesen,
- Lebendverbauung,
- Aggregatzustände,
- Körnung,
- Nutzbare Feldkapazität (NFK),
- Garezustand (z. B. Porengrößenverteilung in unterschiedlichen Horizonten),
- Humuskolloide,
- Nährstoffgehalte,
- pH-Wert und Pufferkapazität.

Wird von den bodenspezifischen und für die einzelnen Kulturpflanzen verschiedenen optimalen Kenngrößen abgewichen, sind, wenn nicht andere Faktoren die Ertragsbildung limitieren, negative Auswirkungen auf den Ertrag zu erwar-

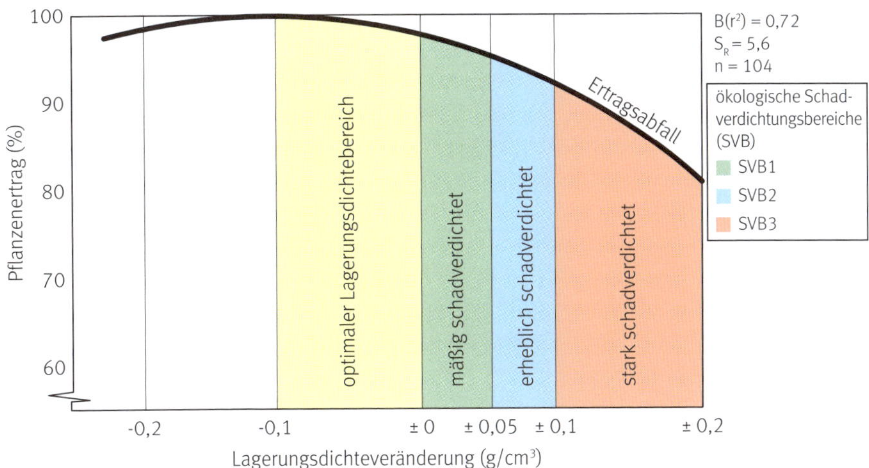

Abb. 4-1: Ökologische Schadverdichtungsbereiche, abgeleitet aus der Beziehung zwischen Lagerungsdichteveränderung und Pflanzenertragsabfall (Quelle: LUNG M-V)

ten. Das gilt insbesondere dann, wenn in oder unterhalb der Ackerkrume Schadverdichtungen vorhanden sind (Abb. 4-1).

Die Maßnahmen der Bodenbearbeitung erfolgen entweder zeitlich getrennt und mit unterschiedlichen Werkzeugen oder in Kombination mehrerer Arbeitswerkzeuge in einem Arbeitsgang. Die Möglichkeiten zur technologischen Gestaltung von Verfahren der Bodenbearbeitung reichen von der Wiederholung ein und desselben Arbeitsganges (z. B. mehrfach Eggen oder Grubbern) über die Folge mehrerer verschiedener Arbeitsgänge bis hin zur Bestellung einer Folgekultur unter Verzicht auf vorangegangene Arbeitsgänge zur Bodenbearbeitung. Der herkömmlichen wendenden Bodenbearbeitung steht als Alternative die kostengünstigere und bodenschonende, konservierende, nichtwendende Bodenbearbeitung gegenüber.

Arbeitswerkzeuge zur Bodenbearbeitung

Entsprechend der Vielfalt der Möglichkeiten werden an die Geräte zur Bodenbearbeitung auch unterschiedliche Anforderungen gestellt. Dabei wird unterschieden nach:

- Art der Bearbeitung,
- Tiefe der Bearbeitung,
- Wirkungsweisen (z. B. Wenden, Mischen, Schneiden),
- Antrieb der Bearbeitung (aktiv oder passiv),
- Verteilung von Grob- und Feinerde,
- Zertrümmerungswirkung.

Je nach verfolgtem Ziel der Bodenbearbeitung (Lockern, Mischen, Wenden, Zerkleinern usw.) sind die Arbeitswerkzeuge entsprechend ihrer vielfältigen Ausführungsformen auch unterschiedlich geeignet.

An Bodenbearbeitung zu und nach der Vorfrucht stellt die Kartoffel keine hohen Ansprüche. Grundsätzlich reagiert die Kartoffel positiv auf einen hinreichend lockeren, gut durchlüfteten und leicht erwärmbaren Boden mit angemessenem Gehalt an Nährstoffen und organischer Substanz sowie guter Wasserführung.

Aus technologischer Sicht sollte daher der Boden eine stabil tragfähige Lockerheit aufweisen. Das Befahren des Ackers im durchwurzelbaren Raum ist unbedingt auf ein Minimum zu begrenzen, um Schadverdichtungen zu vermeiden. Ertrag und Qualität hängen nicht unmittelbar vom Maß der Bearbeitungsintensität ab. Verfahren pflugloser bzw. konservierender Bodenbearbeitung haben sich, auch im Zusammenhang mit Zwischenfruchtanbau und Strohmulch, für die Kartoffel als gangbarer Weg erwiesen, um Kosten zu sparen und den Boden zu schonen. Diese Vorgehensweise ist kein Primitivverfahren, sondern erfordert die Anwendung neuesten acker- und pflanzenbaulichen Wissens sowie ein exaktes Agrarmanagement.

Für die Kartoffel hat sich in den letzten Jahrzehnten ein bedeutender Wandel in der Praxis der Bodenbearbeitung vollzogen. Noch vor 50 Jahren gab es dazu kaum größere Meinungsunterschiede zur Verfahrensgestaltung. Auf mittleren und schwereren Böden erfolgte mehrheitlich eine **Herbstfurche**, oft in Verbindung mit dem Einbringen von Stalldung. Im Frühjahr wurde die raue Furche abgeschleppt, wenn die Kämme grau wurden, dann Mineraldünger gestreut und mit einem oder zwei Grubberstrichen der Acker pflanzfertig hergerichtet.

Auf leichten Böden wurde dagegen nach einer Schälfurche im Herbst über Winter oder im Frühjahr Stalldung gestreut, eine etwas flachere Pflugfurche in Kombination mit einem Nachläufer zur Verfestigung der oberen Krumenschicht gezogen, Mineraldünger gestreut und je vorgefundener Beschaffenheit in einem oder zwei Arbeitsgängen mit unterschiedlichen Arbeitswerkzeugen (Egge, Grubber) der Acker zur Auspflanzung der Kartoffeln vorbereitet.

Auf bindigen zur Klutenbildung neigenden Böden wurden Anfang der 1970er Jahre in Thüringen Versuche zur sogenannten Dammvorformung mit dem Ziel durchgeführt, eine frühzeitige Trennung zwischen dem möglichst nicht verfestigten späteren Wuchsraum der Kartoffeln und den Fahrspuren der zunehmend schwereren Traktoren und Landmaschinen zu vollziehen.

Dazu erfolgte nach der Herbstfurche noch vor Winter der Aufbau der Dämme und im Frühjahr folgte dann ohne weitere Bearbeitung des Bodens das Legen der Kartoffeln. In der Folgezeit übernahmen viele Betriebe dieses Verfahren. Der Effekt eines für die Kartoffel geschaffenen unverfestigten Wuchsraumes war so überzeugend, dass auch auf weniger bindigen Böden nach Herbst- oder Frühjahrsfurche eine spurgerechte Pflanzbettvorbereitung entweder mit einem Häufelgerät oder einem Grubber erfolgte.

Eine analoge Entwicklung ergab sich auf steinigen Böden durch den Einsatz von Technik zur Entsteinung der Krume (Abb. 4-2).

Im Zuge des Einsatzes von Totalherbiziden vollzog sich ab Mitte der 1980er Jahre ein Trend der Abkehr von der **wendenden Bodenbearbeitung** mit dem Pflug hin zur flachen Bodenlockerung als sogenannte **konservierende Bodenbearbeitung**, vorrangig zur Saatbettbereitung für Winterkulturen nach Mähdruschfrüchten, aber auch für Zuckerrüben, Kartoffeln und Mais.

Dieses Verfahren ist gekennzeichnet durch:

- Belassen von Pflanzenreststoffen (Stroh, abfrierende Zwischenfrüchte) als Mulchdecke nahe bzw. auf der Bodenoberfläche,
- Bodenlockerung nur bei Bedarf und ohne Wendung des Bodens.

Abb. 4-2: Technik zur Krumenentsteinung mit einer Kombination aus Sternwalzen (gelb) und Siebbändern (schwarz). Mit der Fräswelle (rot) ist eine Steigerung der Absiebleistung gegenüber herkömmlichen Systemen möglich. Diese Welle bricht den verdichteten Unterboden auf und bereitet ihn so für die Absiebung vor. Der Verschleiß der nachfolgenden Sternwalzen und Siebbänder wird dadurch verringert.

Die Erprobung unterschiedlicher Varianten reduzierter Bodenbearbeitung im Kartoffelbau für verschiedene Verwendungszwecke zeigt, dass gleiche Brutto-, Marktware- wie auch Stärkeerträge ohne Qualitätseinbußen erzielt werden können. Es zeichnen sich aber auch die Grenzen der Reduzierung ab. Zu unterscheiden ist, ob nur im Kartoffelanbau oder im Rahmen einer ganzen Fruchtfolge pfluglos gearbeitet werden soll. Auch lässt sich der Pflug auf besseren, von Natur aus »tätigen« Böden (z. B. Löss) eher ersetzen, als auf den diluvialen, sehr zur Dichtlagerung neigenden sandigen Böden.

Hinsichtlich der Wirkungen auf den Bodenzustand gibt es eine Reihe positiver Effekte (Tab. 4-1). Bedenken zum totalen Verzicht auf eine herkömmliche Bodenwendung und Vermischung der Bodenteilchen kommen aus Sicht der Phytohygiene.

Spezielle Hinweise für die konventionelle Bodenbearbeitung

- Auf bindigen Boden (NStE D4-6, Lö 1-6, V) ist eine Herbstfurche vorzunehmen, um die klutenzerstörende Wirkung des Frostes zu nutzen.
- Wegen des schnelleren Absetzens der leichten sandigen, meist humusärmeren Böden, ist auf den Standorten D1–D3 die Herbstfurche nicht vorteilhaft.

Tab. 4-1: Wirkungen pflugloser Bodenbearbeitung auf Bodeneigenschaften; + = mehr, – = weniger, +/– = unverändert im Vergleich zu Bearbeitung mit Pflug (Quelle: verändert nach Haberland 2009)

Merkmal	Bodentiefe		
	0–10 cm	10–25 cm	>25 cm
Lagerungsdichte	+++	++	––
Gesamtporenvolumen	––	–	+
Grobporen	–––	+/–	+
Aggregatstabilität	+++	+/–(+)	+/–
Wasserinfiltration	+++	+++	+++
Gasaustausch	+/–(–)	+/–(–)	+/–
Erwärmung	––	––	+/–(–)
Bodenflora und Fauna	+++	–––	+/–
N-Mineralisation	++	–––	+/–
Durchwurzelbarkeit	+(+/–)	–(+/–)	+(+/–)

- Bei vorgesehener Herbstdammformung ist der Pflug mit einem Nachbearbeitungsgerät zu koppeln. Das gilt auch für die Frühjahrsfurche, um in einem Arbeitsgang den Acker für das Legen herzurichten.
- Besonders vorteilhaft ist die Kombination von frontseitigem Grubber mit Dammformblechen und mehrseitiger Legemaschine.
- Insbesondere im Frühjahr darf der Acker nur bei günstigem Feuchtigkeitszustand (<75 % nFK) befahren werden, um Strukturschäden und Klutenbildung zu vermeiden.

Spezielle Hinweise für die konservierende Bodenbearbeitung

- Die konservierende Bodenbearbeitung ist in vielen Verfahrensvarianten standortangepasst möglich.
- Eine klassische wendende Saatbettbereitung ist zwar die beste Voraussetzung für üppige, dicht schließende Zwischenfrüchte zur Mulchbildung, aber auch durch das wesentlich günstigere Grubbern mit nachfolgender Breitsaat wachsen ausreichende Bestände heran. Ölrettich und Senf sind für solche grobe Bodenbearbeitung am besten geeignet. Je nach Situation kann auch Auswuchsgetreide mehr oder weniger an der Bodenbedeckung beteiligt sein.
- Für die nicht wendende Stoppelbearbeitung und Zwischenfruchtbestellung eignen sich viele herkömmliche Geräte. Bevorzugt werden sollten aber Kombinationen von gezogenem Grob- und Schwergrubber und Drillmaschi-

ne. Kreiselgrubber-Drill-Kombinationen sind kosten- und arbeitsaufwendig sowie für die hiesigen sandigen Böden nicht unbedingt zweckmäßig und notwendig.
- Der mit abgefrorenen Stoppelfruchtresten, überwinterten Altunkräutern und Auswuchsgetreide bedeckte Boden wird durch Lockern mit dem Grubber und/oder durch Vorziehen der Dämme (Dammvorformung) zur Pflanzung hergerichtet, ohne dass eine vorherige Bewuchsabtötung mit einem Herbizid erfolgt.
- Die Pflanzung in ungelockerten Boden (Direktpflanzung) ist unter den hiesigen Bedingungen nur bei sehr günstigen Bodenverhältnissen anzuraten.
- Generell eignen sich alle Verfahren, bei denen durch mindestens 15 cm tiefe Lockerung mit dem Grubber zur Pflanzung genügend lockerer Boden für die exakte Knollenablage und Dammvorformung zur Verfügung steht und in ausreichender Menge eingearbeitetes oder bedeckendes Mulchmaterial die Dämme gegen Verfestigung und Erosion schützt.
- Die Pflanzung kann mit einer normal ausgerüsteten Legemaschine erfolgen. Die Industrie bietet aber auch Maschinen mit relativ großem Schardurchgang an, welche für das Mulchverfahren am besten geeignet sind. Die Zudeckscheiben sollten mit geringem Federdruck arbeiten und es ist zügig zu fahren, damit es im lockeren Mulch nicht zu Verstopfungen kommt. Unmittelbar nach der Pflanzung wird gehäufelt. Bei der Pflanzung in vorgezogene Dämme ist die Tiefeneinstellung der Legemaschine dem veränderten Ackerprofil anzupassen, um eine optimale Tiefenlage der Knollen zu sichern.
- Wichtig ist die richtige Herbizidauswahl, denn es sind überwinterte Altunkräuter, Getreideauswuchs und meist auch ein größerer Gräseranteil zu beachten. Die Herbizidausbringung sollte trotz des evtl. dichten Dammbewuchses kurz vor Auflauf der Kartoffeln erfolgen. Die Kartoffeln laufen durch den absterbenden Dammbewuchs hindurch auf.

Beim Einsatz leistungsgesteigerter Traktoren ergibt sich die Frage, mit welchen Fahrwerken das höhere Gewicht und die Zugkraft auf den Boden übertragen werden können. Die dazu notwendigen Dimensionen der für das Befahren auf dem Acker notwendigen Bereifungen hatten zwangsläufig eine Zunahme der Reifenbreiten zur Folge. Breitere Reifen, mit geringerem Luftdruck gefahren, ermöglichen eine **Verminderung des Auflagedruckes** auf den Boden (Abb. 4-3).

Mit zunehmender Reifenbreite nimmt der relative Anteil der von Fahrwerken und durch den Bodendruck beeinflussten Fläche zu, was zu Überlegungen der mehrfachen Nutzung der einmal befahrenen Spur bis hin zur Nutzung für mehrere Kulturen im Rahmen der Fruchtfolge geführt hat.

Diese auch als **Regelspurverfahren** bezeichnete Variante, bei denen durch größere **Reihenabstände** dort, wo die **Fahrspuren** verlaufen, Platz für breitere Reifen und Fahrwerke leistungsfähigerer Maschinen geschaffen wird (z.B.

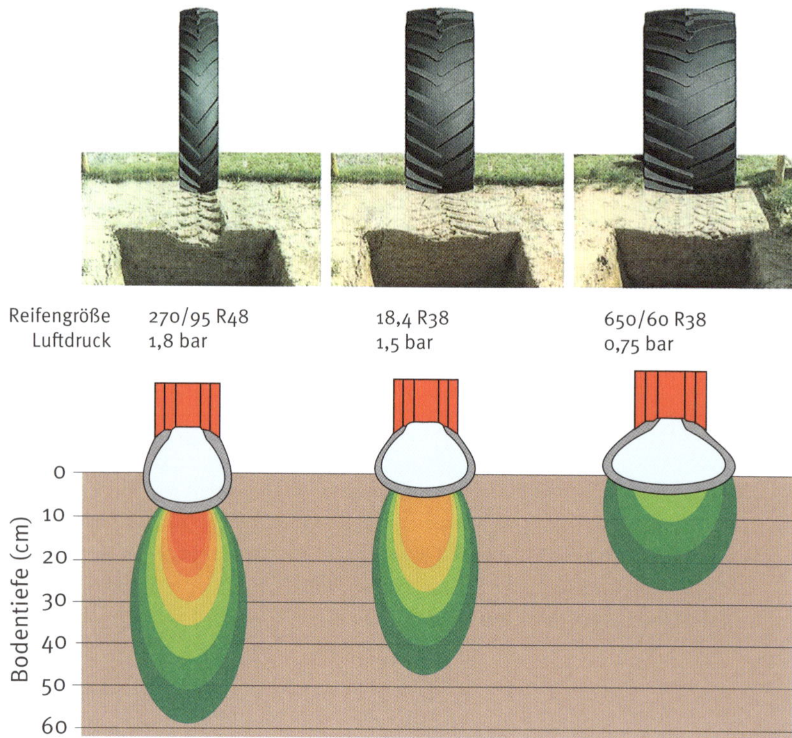

Abb. 4-3: Kontaktflächendruck unterschiedlicher Reifenabmessungen nach einer Durchfahrt

105 cm im 6-reihigen 75 cm-Anbauverfahren) konnte sich bisher jedoch nicht in großem Umfang durchsetzen. Aktuelle Bestrebungen gehen aber dahin, auch bei Kartoffeln wenigstens für die zahlreichen mit großen Arbeitsbreiten durchführbaren Pflanzenschutzarbeiten **Fahrgassen** anzulegen.

Dafür lässt man beim Legen einfach in entsprechenden Abständen jeweils eine Reihe aus. Je weiter die Fahrgassen entfernt sind (möglichst große Arbeitsbreiten), desto weniger fällt dies für den Gesamtbestand ins Gewicht. Dem stehen bedeutende Vorteile, wie die verbesserte Befahrbarkeit der Bestände unter Bodenschonung auch bei feuchter Witterung (breite Reifen mit geringeren Auflagedrücken), weniger Pflanzenbeschädigungen und kaum seitliche Dammpressungen (weniger Kluten und Knollenbeschädigungen), gegenüber.

Da einer unbegrenzten Ausdehnung der Baubreite der an den Zugtraktor angehängten oder angebauten Landtechnik wegen der Zulassung zum Straßenverkehr Grenzen gesetzt sind, ergibt sich im Zusammenhang mit den Produk-

Abb. 4-4: Kombination von Arbeitswerkzeugen zur Bodenbearbeitung (links) und Kartoffelbestellung in einer Überfahrt (rechts)

tionskosten und einer möglichst effizienten Arbeitserledigung automatisch die Forderung nach der Kombination mehrerer Arbeitsprozesse mit einer Überfahrt (Abb. 4-4).

Gegenwärtig ist eine Vielzahl von Gerätekombinationen auf dem Markt, mit denen nicht nur die Bodenbearbeitung, sondern, je nach Ausrüstung, auch das Ausbringen von Düngemitteln oder Pflanzenschutzmitteln sowie die Bestellung und weitere Nacharbeiten, wie beispielsweise der Dammaufbau, in einem Arbeitsgang erfolgen kann.

Abb. 4-5: Vorbereitung des Saatbetts mit Fräsen und Dammformung, dann Pflanzen mit der gezogenen vierreihigen Riemenlegemaschine, mit einer Arbeitsgeschwindigkeit von bis zu 11 km/h.

5 Pflanzgutvorbereitung

Die Dauer der **natürlichen Keimruhe (Dormanz)** ist neben der Sorteneigenschaft vom physiologischen Zustand der jeweiligen Partie abhängig.

Nach warmen Sommern ist die Keimruhe im Resultat der größeren Summe aufgenommener Wärme verkürzt. Unreif geerntete Knollen haben eine längere Ruhephase. Den größten Einfluss auf die Dauer der Ruheperiode hat die Lagerungstemperatur. Aber auch Temperaturwechsel und Luftfeuchtigkeit sowie die Zusammensetzung der die Knollen umgebenen Luft haben Einfluss darauf.

Nach Beendigung der Keimruhe wird der Prozess der Zellteilung und Zellstreckung durch Austreiben der Augen sichtbar.

Bei Lichtzutritt wird die Zellstreckung vermindert. Es bilden sich die sortentypischen, unterschiedlich geformten und gefärbten kurzen Lichtkeime, die im Vergleich zu den langen, bleichen und leicht abbrechenden Dunkelkeimen elastisch sind und relativ fest an den Knollen sitzen.

Physiologisches Alter ist nicht mit dem Begriff Reife gleichzusetzen, sondern umfasst die Entwicklungsprozesse von der Bildung der Knolle bis zur Bildung von Tochterknollen. Diese Phase kann zeitlich in einzelne Abschnitte aufgegliedert werden.

Zum physiologischen Alter von Kartoffeln gibt es zwar einheitliche Auffassungen zu den biologischen Zusammenhängen, aber keine verbindlichen me-

Abb. 5-1: Die natürliche Keimruhe, die sich bei Kartoffeln nach der Ernte einstellt, dauert je nach Sorteneigenschaften bis zu zehn Wochen. Eine dunkle, kalte Lagerumgebung versetzt die Kartoffel in eine sogenannte Zwangsruhe – der Zustand, in den man Kartoffeln versetzen kann, wenn die natürliche Keimruhe bereits vorüber ist. Bei einer Temperatur von 4 °C wird die Atmung und der Stoffwechsel erheblich reduziert, die Kartoffel keimt nicht.

thodischen Vorgaben zur Bestimmung. Je nach Zusammenhang und Fragestellung wird der Zeitraum, ab dem »die Uhr zu ticken beginnt«, unterschiedlich angenommen. Übereinstimmung besteht noch am ehesten in der Art der Erfassung in sogenannte Gradtage.

Üblich ist die Darstellung in **Ruheperiode** (Knollenbildung bis Keimung) und **Inkubationsphase** (Keimung bis Bildung von Tochterknollen). Die genannten Phasen können weiter unterteilt werden. Bei der Erfassung der Gradtage von der Knollenbildung bis zur Ernte ist das physiologische Alter des Ernteguts definiert. Bei Erfassung der Gradtage von Ernte bis zur sichtbaren Keimung oder der Auspflanzung sind die Bedingungen während der Lagerung gut charakterisiert. Wenn die Kartoffeln deutlich unter 8 °C lagern, ist die Beendigung der tiefen Keimruhe nicht zu erkennen und damit im praktischen Umgang dieser Zeitpunkt nicht erfassbar. Die Angabe des physiologischen Alters in Gradtagen ist zwar methodisch korrekt, hat sich aber in der Praxis nicht durchgesetzt, zumal der Vergleich verschiedener Partien ein gleiches methodisches Herangehen voraussetzt. Aus diesem Grunde sind z. B. für Pflanzkartoffeln Boniturtabellen besser geeignet, in denen visuell erkennbare Merkmale und verbale Aussagen zur Charakterisierung von Partien Eingang finden (Tab. 5-1 und 5-2). Generell ist die Beziehung zwischen Temperatur und Alterung der Knollen sehr eng, sodass die Wirkungen weitgehend identisch sind.

Abb. 5-2: Aus den »Augen«, den sogenannten Wachstumsmeristemen, der keimenden Kartoffelknolle gehen die neuen Sprossen hervor.

Abb. 5-3: Nachteile durch mangelhaftes Pflanzgut oder schlechtes Management des Pflanzguts lassen sich später kaum noch ausgleichen.

Die Hauptwirkungen unterschiedlichen physiologischen Alters der Pflanzkartoffeln gehen aus der Tabelle 5-2 hervor.

Die Lagerungsbedingungen haben einen großen Einfluss auf das Verhalten der Kartoffeln. Zu trockene Luft im Lager entzieht den Knollen Feuchtigkeit, sie altern vorzeitig. Zu hohe Temperaturen fördern die Keimung. In Verbindung mit Knollenschäden kann ein feuchtes Lager Infektionen durch Pilze und Bakterien begünstigen. Ein zu warmes Lager, häufiges Abkeimen oder zu niedrige Boden-

Tab. 5-1: Wirkungen verschiedener Einflussgrößen auf das physiologische Alter

Merkmal	Ausprägung	Wirkung auf physiologisches Alter
Herkunft	schwere, kalte Böden	gering
	leicht erwärmbare Böden	mittel
Witterung während der Vegetation	kühl, nass	gering
	warm, trocken	sehr hoch
Knollengröße	klein	gering
	groß	mittel
Temperatur im Winterlager	‹4 °C	gering
	4–7 °C	mittel
	›7 °C	sehr hoch
Lagerung in Säcken	‹10 Tage	gering
	10–20 Tage	mittel
	›20 Tage	hoch
Zustand der Lieferung	keine sichtbaren Keime	gering
	leichte Keimung	mittel
	starke Keimung/abgebrochene Keime	sehr hoch
Schwarzfleckigkeit	keine	gering
	mittlere	mittel
	starke	sehr hoch
Turgeszenz	hoch	gering
	vermindert	mittel
	stark vermindert	hoch

temperaturen schwächen die Vitalität der Knollen und führen zur Knöllchensucht.

Hohes physiologisches Alter verkürzt die Zeitspanne zwischen Pflanzung und Aufgang und verlagert die Vegetationsperiode nach vorn.

Die damit verbundene sogenannte Altersresistenz der Pflanzen wirkt sich positiv auf die Widerstandsfähigkeit der Pflanzen gegenüber Viruskrankheiten und Phytophthora aus.

Als Maßnahme der Pflanzgutvorbereitung sind das in **Keimstimmung** bringen und **Vorkeimen** von Pflanzkartoffeln klassische Verfahren der Keimstimulierung vor dem Pflanzen.

Diese Verfahren setzen die Beendigung der Keimruhe und das Überschreiten einer Mindesttemperatur von etwa 8 °C voraus.

Weitere Formen physikalischer oder chemischer Einwirkungen auf die Knollen zur Auslösung bzw. Aktivierung der Keimung sind bekannt, werden unter Praxisbedingungen jedoch kaum angewendet.

Nicht alle an den Knollen vorhandenen Augen keimen. Der am Kronenende zentral angeordnete Haupttrieb (Apikaltrieb) dominiert im Wachstum gegenüber den anderen Trieben. Durch lange Lagerung bei relativ niedrigen Temperaturen oder Abbrechen dieses Keimes kann die apikale Dominanz gebrochen und eine größere Anzahl keimender Augen induziert werden.

Tab. 5-2: Wirkungen zunehmenden physiologischen Alters von Pflanzkartoffeln auf Pflanzenentwicklung und Ertrag

Merkmal	Wirkung
Dauer der Keimruhe	früher beendet
Intensität der Keimung	stärker
Apikale Dominanz	stark ausgeprägt
Turgor	abnehmend
Altersschwarzfleckigkeit	verstärkt
Auflaufdauer	verkürzt
Schwarzbeinigkeit	verstärkt
Krauthöhe	geringer
Krautmasse	geringer
Gleichmäßigkeit des Bestandes	schlechter
Anzahl der Hauptstängel	geringer
Anzahl der Knollen je Pflanze	geringer
Marktwareertrag bei früher Ernte	höher
Marktwareertrag bei später Ernte	gleich

Mit zunehmendem physiologischen Alter – z. B. nach Lagerung bei höheren Temperaturen – nimmt die Anzahl der Keime ab. Beim Vorkeimen von Pflanzgut zur Erzeugung von Speisefrühkartoffeln wird dieser Zusammenhang genutzt.

Während im intensiven Speisefrühkartoffelanbau das Vorkeimen des Pflanzguts unerläßlich ist, kommt im übrigen Konsumanbau vorrangig das in Keimstimmung bringen als Verfahren der Keimstimulierung zur Anwendung. Dazu werden die Kartoffeln zwei bis drei Wochen vor der beabsichtigten Pflanzung bevorzugt lose in flacher Schüttung in hellen luftigen Räumen bei Temperaturen von ca. 10 °C gelagert, bis die Augen zu spitzen beginnen.

Durch einen Wärmestoß von ca. 20 bis 30 °C zu Beginn kann die Dauer der Keimstimulierung verkürzt werden. Der einmal ausgelöste Prozess der Keimung kann nur noch durch Temperaturabsenkung auf 2 bis 3 °C verzögert werden.

Das Abbrechen von Keimen, insbesondere unmittelbar vor oder während der Auspflanzung, führt meist zu verminderter Triebzahl und in Folge von Vitalitätsschwäche zu Minderertrag.

6 Pflanzung

Im Rahmen des Anbaus von Kartoffeln sind eine Reihe von Überlegungen anzustellen, die sich auf folgende Schwerpunkte konzentrieren:

- Beabsichtigter Verwendungszweck (Speise, Stärke, Veredelung, Pflanzgut),
- Reifegruppe (sehr früh, früh, mittelfrüh, mittelspät und spät),
- Sorte (über 200 Sorten stehen zur Auswahl),
- Herkunft (Zukauf, Eigenerzeugung),
- Anbaustufe (z. B. Basis, Z),
- Größensortierung (Drillinge, Normalsaat, Übergrößen),
- Pflanzgutqualität (äußere Qualität, physiologisches Alter, Virusbesatz),
- Pflanzgutvorbehandlung (Vorkeimen, Keimstimmen, Beizen),
- Boden- und Klimaverhältnisse,
- Zustand des zur Bestellung vorgesehenen Schlages,
- vorhandene Legetechnik,
- technische und technologische Realisierungsbedingungen,
- Absatzbedingungen,
- ökonomische Rahmenbedingungen und Gewinnerwartung.

Der mit Kartoffeln zu bestellende Boden sollte ausreichend erwärmt, abgetrocknet, in Krume und Unterboden nicht verdichtet, aber für die Technik zum Befahren hinreichend tragfähig sein. Ein zu frühes Bearbeiten oder Legen auf feuchten Standorten führt zu verdichteten Dämmen, die Feuchtigkeit und Kälte sehr lange im Boden halten. Verkrustete Dämme erschweren zudem das Auflaufen. Ein schneller und gleichmäßiger Aufgang sowie eine zügige Blattentwicklung sind der erste Schritt zu einer ertragreichen und qualitativ hochwertigen Ernte.

Dabei gilt, dass bei der Bestellung gemachte Fehler durch nachfolgende Prozesse meist nicht mehr zu korrigieren sind.

Als **Reihenweite** gilt mehrheitlich 75 cm. Aus pflanzenbaulicher Sicht kann diese durchaus aber auch 60 bis 90 cm betragen, wenn der Legeabstand in der Reihe auf optimale Bestandesdichten angepasst wird.

Die **Arbeitsbreite** (Reihenanzahl) der Legemaschine ist so zu wählen, dass sie mit der nachfolgenden Technik übereinstimmt. So sind beispielsweise die Kombination einer 6-reihigen Legemaschine und 4-reihigen mechanischen Pflege oder einer 4-reihigen Legemaschine und 3-reihige Erntetechnik zu vermeiden. Das gleiche gilt auch für die Spurmaße der Traktoren und die Abmessungen der Reifen. So sind zum Beispiel eine Spurweite von 180 cm und eine Reifenbreite über 12" bei Dammkultur mit 75 cm Reihenabstand nicht sinnvoll.

Bei der verfügbaren Legetechnik ist die Möglichkeit zur Kombination mit anderen Arbeitsgängen (z. B. Bodenbearbeitung, Beizen, Düngerapplikation, Dammformung) gegeben (Abb. 6-1–6-3).

In Abhängigkeit vom Zustand des vorhandenen Pflanzguts können die zu treffenden Entscheidungen, die letztendlich in der Einstellung des Legeabstandes an der Legemaschine münden, sehr unterschiedlich ausfallen.

Abb. 6-1: Legemaschine mit Dünger- und Granulatstreuer sowie Applikationseinrichtung für flüssige Beizmittel

Als optimale **Bestandesdichten** werden für Pflanzkartoffeln über 185 000 Hauptstängel je ha und für Konsumkartoffeln ca. 160 000 Hauptstängel je Hektar angesehen. Das gezielte Etablieren der gewünschten Bestandesdichten ist somit ein Prozess, der in seinen wesentlichen Phasen vor der Auspflanzung entschieden wird.

Bei vorgegebener Anzahl von Hauptstängeln reduziert sich die Überlegung auf die Beantwortung der Frage nach der zu erwartenden Stängelzahl je mittlere Pflanzknolle.

Abb. 6-2: Becherlegemaschine zur Pflanzung in Kombination mit CULTAN-Düngung mit zwei Düngerbehältern und Dammaufbau (Multifunktionsdamm)

Abb. 6-3: Pflanzung und Dammformung mit Dammformblech. Bei Maschinen mit Werkzeugen zum Enddammaufbau darf die Erdbedeckung der Pflanzknolle 15 cm nur bei günstigen Bedingungen überschreiten, sonst kann es zu Auflaufproblemen kommen. In der Regel sollte die Legetiefe der Pflanzknolle ihrem Durchmesser entsprechen, also 4–5 cm. (Werkbild Grimme)

Pflanzgutbedarf ermitteln

Der Pflanzgutbedarf sollte genau kalkuliert werden. Dazu ist es notwendig, eine möglichst repräsentative Probe von mindestens 100 Pflanzknollen auszuzählen und zu wiegen. Das durchschnittliche Einzelknollengewicht ermöglicht zusammen mit der angestrebten Knollenzahl pro Hektar eine sehr exakte Bestimmung des Pflanzgutbedarfs. Erleichtert wird dieses durch den Pflanzgutbedarfsrechner:

QR-Code scannen oder unter: www.vsd-dethlingen.de/pflanzgut-bedarf-rechner.php

Da in der Mehrheit der Fälle im Prozess der Pflanzgutaufbereitung nicht nach der Knollenmasse, sondern nach der Knollengröße im Quadratmaß fraktioniert wird, sind bei einer vorhandenen Pflanzgutpartie entweder die mittlere Knollenmasse zu bestimmen oder eine annähernde Zuordnung zwischen Knollengröße und Knollenmasse unter Beachtung der Knollenform vorzunehmen.

Der nachfolgenden Berechnung in Tabelle 6-1 liegt der Zusammenhang zwischen Pflanzknollenmasse, Anzahl der Augen und Anzahl zu erwartender Haupttriebe einerseits und einer anzustrebenden Anzahl Haupttriebe je Flächeneinheit andererseits zugrunde.

In Abhängigkeit von der mittleren Knollengröße der einzusetzenden Pflanzgutpartie und der angestrebten Bestandesdichte kann der erforderliche Pflanzgutaufwand in sehr großen Grenzen schwanken.

Erfahrungsgemäß gelingt es unter Praxisbedingungen jedoch nicht, aus jeder Pflanzknolle eine gesunde, voll ertragswirksame Pflanze zu etablieren. Daher ist zu empfehlen, unter Ansatz betrieblicher Erfahrungswerte für legemaschinenbedingte Fehlstellen, pflanzgutbedingter Auflaufschäden und Abgänge während der Vegetation entsprechende Zuschläge zu unterstellen, um den Legeabstand an der Legemaschine richtig einzustellen.

Eine gleichmäßige Pflanzknollenablage wird erreicht, wenn die Legeorgane der Legemaschine lückenlos beschickt bzw. belegt werden. Es ist daher wichtig, je nach Form der Knolle und Größe (Sortierung) entsprechende Einsätze zu verwenden und den Legeabstand anzupassen. Grundsätzlich gilt, dass die Legequalität umso besser ist, je gleichmäßiger die Sortierung ist. Daher wird von einigen Anbauern beispielsweise das gekaufte Pflanzgut der Abmessung 35 bis 55 mm zusätzlich auf 35 bis 45 mm und 45 bis 55 mm kalibriert, bzw. im Vorfeld mit

Tab. 6-1: Optimaler Pflanzgutaufwand bei 160 000 bis 185 000 Stängel/ha für Konsumkartoffeln und 190 000 bis 215 000 für Pflanzkartoffeln (Quelle: Gall u. a. 1988)

Tsd. Pfl. je ha	Knollenmasse (g) und Anzahl Hauptstängel (n)									Bemerkungen
	g	30	40	50	60	70	80	90	100	
	n	3,0	3,3	3,6	3,9	4,2	4,5	4,8	5,1	
	Pflanzgutaufwand dt/ha (a) und Anzahl Hauptstängel in 1000/ha (b)									
30,0	a						24,0	27,0	30,0	zu niedriger Aufwand Ertragsverlust
	b						135	144	153	
35,0	a				21,0	24,6	28,6	31,5	35,0	für Konsumkartoffeln optimal
	b				137	147	158	168	179	
40,0	a		16,0	20,0	24,0	28,0	32,0	36,0	40,0	für Pflanzkartoffeln optimal
	b		132	144	156	168	180	192	204	
45,0	a	13,5	18,0	22,5	27,0	31,5	36,0	40,5	45,0	uneffektiver Aufwand, Pflanzgutverschwendung
	b	135	149	162	176	189	203	216	230	
50,0	a	15,0	20,0	25,0	30,0	35,0	40,0	45,0	50,0	
	b	150	165	180	195	210	225	240	255	
55,0	a	16,5	22,0	27,5	33,0	38,5	44,0			
	b	165	182	198	215	231	248			
60,0	a	18,0	24,6	30,0	36,0					
	b	180	198	216	234					

⊘ Checkliste Legemaschine

Versuchsstation Dethlingen

Der geplante Legeabstand ist auf dem Feld nur einzuhalten, wenn die Legemaschine störungsfrei arbeitet.
Daher ist eine regelmäßige Kontrolle folgender Bauteile anzuraten:

	✓	Anmerkungen
Lockerungswerkzeuge vor den Furchenziehern vollständig, einheitliches Arbeitsbild	☐	
Furchenzieher		
vollständige Spitzen und Seitenteile	☐	
Lockerungszinken auf gleicher Arbeitstiefe	☐	
Tasträder und Tiefenführung leichtgängig, ausreichend Bewegungsfreiraum	☐	
mechanische und optische Sensoren funktionsfähig, abgestimmte Regelung	☐	
einheitliche Arbeitstiefe über alle Reihen	☐	
angepasste Vorspannung der Federn bei Furchenziehern und Zudeckscheiben	☐	
Zudeckscheiben mit ausreichend Durchgang	☐	
Werkzeuge zum Dammaufbau		
vergleichbare Arbeitstiefe	☐	
einheitlicher Bodenvorrat	☐	
gleichmäßige Erdbedeckung der Knollen	☐	
Legeelemente		
einheitlicher Antrieb aller Elemente	☐	
gleichmäßige Spannung der umlaufenden Gurte, Ketten oder Riemen	☐	
Schöpfbecher, -löffel und Legeriemen auf Pflanzgutgröße abgestimmt	☐	
angepasster Knollenvorrat im Schöpfraum	☐	
Rüttler mit einheitlicher Intensität	☐	
Fehlstellenmelder und Überwachungskameras mit sicherer Verbindung	☐	

Abb. 6-4: Legeabstand, Legetiefe sowie Erdbedeckung sind bei jedem Pflanzgut- und Flächenwechsel zu kontrollieren.

den VO-Firmen über Lieferungen sogenannter »gebrochener Sortierung« des Pflanzguts verhandelt.

Neben einer Verbesserung der Legequalität resultieren aus dieser Maßnahme gleichmäßigere Bestände mit zum Teil höheren Erträgen bzw. besseren Qualitäten (gleichmäßige Sortierung).

Die Standardreihenweite im Kartoffelbau beträgt 75 cm. Daraus resultiert, dass die Breite der Schlepperreifen nicht breiter als 11 Zoll sein sollte, um Verdichtungen der Dammflanken zu vermeiden.

Bei 4-reihigen Legemaschinen mit größeren Vorratsbunkern bzw. 8-reihigen Legemaschinen ist die 11 Zoll Bereifung oft nicht ausreichend (Fahrstabilität). In diesen Fällen wird dann reihenübergreifend mit Zwillingsbereifung gearbeitet.

Die Wirkungen von Pflanzknollenmasse, Legeabstand und Pflanztiefe auf ausgewählte Ertragsmerkmale gehen aus Tabelle 6-2 hervor.

Die optimale Legetiefe ist abhängig von der Kartoffelgröße – auch Drillinge und Übergrößen kommen mitunter zum Einsatz – sowie der Kartoffelsorte. Die optimale Legetiefe ist daher nicht einheitlich für alle Knollengrößen und Sorten festzulegen. Mit zunehmendem Knollendurchmesser muss auch die Legetiefe zunehmen, um die Forderung zu erfüllen, dass die Oberseite der Pflanzknolle mit der ursprünglichen Ackeroberfläche abschließt. In der Praxis wird dies häufig nicht berücksichtigt bzw. wird die richtige Legetiefe nicht regelmäßig überprüft. In Präzisierung ist zu beachten, dass für einige Sorten differenzierte optimale Legetiefen gelten. Diese Forderung erklärt sich aus dem unterschiedlichen Wachstumsverhalten der Stolonen der einzelnen Sorten.

Mit dem Legen der Kartoffeln erfolgt gleichzeitig mittels der Zudeckscheiben ein Abdecken der Kartoffeln mit Erde (ca. 5 cm, bei Frostgefahr ca. 10 cm). Vom Zeitpunkt des Legens bis zum Auflaufen der Kartoffeln vergehen ca. 25 bis 40 Tage.

Tab. 6-2: Tendenzielle Wirkungen von Pflanzknollenmasse, Legeabstand und Pflanztiefe

Merkmal	Tendenzielle Wirkungen			
	zunehmende Knollenmasse		zunehmender Legeabstand	zunehmende Pflanztiefe
	bei gleichem Abstand	bei zunehmendem Abstand		
Pflanzgutaufwand	zunehmend	gleich	abnehmend	
Bruttoertrag	zunehmend	gleich	abnehmend	abnehmend
Nettoertrag	gleich	gleich	abnehmend	abnehmend
Marktwareertrag	zunehmend	gleich	abnehmend	abnehmend
Anzahl Triebe, St/Pflanze	zunehmend	zunehmend	gleich	
Anzahl Triebe, St/ha	zunehmend	gleich	abnehmend	
Anzahl Knollen, St/Pflanze	zunehmend	zunehmend	zunehmend	
Anzahl Knollen, St/ha	zunehmend	gleich	abnehmend	
Anteil Untergrößen, St/ha	zunehmend	abnehmend	abnehmend	abnehmend
Anteil Übergrößen	gleich	abnehmend	zunehmend	gleich
Anteil ergrünter Knollen				abnehmend
Anteil Beimengungen				zunehmend
Anteil Rodebeschädigungen				zunehmend

Abb. 6-5: Aktive Bodenbearbeitung mit der Fräse zum Anhäufeln der Kartoffeldämme. Die Maschine kann mit wenigen Handgriffen von einer Dammfräse auf eine Vollfeldfräse umgerüstet werden. Sie erzeugt Querdämme zwischen den Dämmen, die die Erosionsgefahr verringern sowie die Wasseraufnahmefähigkeit des Bodens verbessern.

Damit über eine schnellere Erwärmung der Knollen das Keimen sowie das Auflaufen gefördert wird, sollte gegebenenfalls auch nach einem Striegeleinsatz der endgültige Dammaufbau erst etwa zwei Wochen nach dem Legen erfolgen. Dies ist besonders bei kleinen Knollen wichtig und verringert die Gefahr von Auflaufschäden. Gleichzeitig werden mit diesem Arbeitsgang die ersten gekeimten Unkräuter vernichtet.

Für den Aufbau des endgültigen Dammes gibt es verschiedene Gerätetypen. Die am häufigsten verwendeten Geräte sind Häufelgeräte mit Dammformblechen und auf mittleren bis schweren Böden Reihenfräsen.

Legeabstand ermitteln und einhalten

Versuchsstation Dethlingen

Die Kartoffelpflanze kann sich gut an wechselnde Standraumbedingungen anpassen. Sie reagiert auf engere oder weitere Pflanzgutabstände mit der Ausbildung kleinerer oder größerer Knollen. Der Ertrag bleibt über gewisse Variationsgrenzen hinweg relativ unbeeinflusst.

Einfluss auf die spätere Knollengröße:

- größerer/kleinerer Legeabstand = größere/kleinere Ernteknollen
- größere/kleinere Pflanzknollen = höherer/geringerer Knollenansatz pro Staude

Der Legeabstand lässt sich kontrollieren, nachdem etwa die ersten 25 m gelegt sind. Ausgehend von der Maschine werden in einer Reihe 11 Pflanzknollen vorsichtig freigelegt. Die zwischen der ersten und der elften Knolle gemessene Entfernung wird durch 10 geteilt und ergibt den durchschnittlichen Legeabstand. Auch die Gleichmäßigkeit des Abstandes zwischen den einzelnen Pflanzknollen sollte beurteilt werden, um eine größere Streuung, Fehlstellen oder Doppellagen auszuschließen. Einzelne Einstellungen an der Maschine sind gegebenenfalls zu überprüfen und zu verändern.
Mit dem Furchenzieher wird eine keilförmige Rinne gezogen, in der die Pflanzknollen möglichst exakt liegen bleiben. Dies kann sehr wirkungsvoll unterstützt werden, wenn durch Lockerungszinken hinter den Scharspitzen eine zusätzliche »Klemmfurche« ausgebildet wird. Diese Zinken sollten für alle Schare gleich lang sein (Legetiefe).
Ein Einflussfaktor ist die Fallhöhe zwischen Legeelement und Furche. Je größer der Abstand ist, desto mehr beschleunigen die Pflanzknollen und umso schräger verläuft die Flugbahn. Beides fördert die Verrollungsgefahr der Knollen in der Furche. Deshalb sollte über die Laufräder der Legemaschine eine möglichst geringe Abgabehöhe eingestellt werden, bei der aber immer noch eine ausreichende Höhenanpassung des Furchenziehers in beide Richtungen gewährleistet ist.
Eine Fahrgeschwindigkeit beim Legen von mehr als 5 bis 6 km/h kann ebenfalls die Streuung der Abstände vergrößern, da die Knollen stärker zum Verrollen in der Furche neigen. Gleichzeitig kann sich bei höherer Fahrgeschwindigkeit der Boden stärker vor den Zudeckscheiben aufstauen, wenn diese zu eng stehen.
Mögliche Folgen des sich nach vorne aufbauenden Bodenvorrates sind ein Verschieben der Pflanzknollen in der Furche (Legeabstand und -tiefe) sowie eine Beeinträchtigung der Funktion der hinteren Düse der Beizeinrichtung. Die Stellung der Zudeckscheiben ist daher an die Bodenbedingungen anzupassen.

Eine Hilfestellung bietet der Legeabstandsrechner unter:

QR-Code scannen oder unter:
http://www.vsd-dethlingen.de/pflanzgut-legeabstands-kontrolle.php

7 Nährstoffwirkungen

Die Aufnahme der Pflanzennährstoffe erfolgt im Wesentlichen über die Wurzel aus der Bodenlösung. Haupt- oder Makronährstoffe werden von den Pflanzen in größeren Mengen benötigt und aufgenommen. Zu ihnen zählen Stickstoff, Phosphor, Kalium, Magnesium, Kalzium und Schwefel. Zu den in deutlich geringeren Mengen aufgenommenen und für die Pflanzenernährung bedeutsamen Spuren- oder Mikronährstoffen gehören Bor, Eisen, Kupfer, Mangan, Molybdän und Zink. Aus den nachstehenden Tabellen 7-1 und 7-2 gehen die Hauptwirkungen der wichtigsten Nährstoffe auf die Kartoffel hervor.

Stickstoff

Stickstoff (N) wird von der Pflanze vorwiegend als Nitrat (NO_3^-) oder Ammonium (NH_4^+) über die Wurzel aufgenommen. Er ist ein wesentlicher Bestandteil wichtiger organischer Verbindungen (z. B. Proteine, Chlorophyll, Wuchsstoffe, Vitamine u. a.), beeinflusst die Eiweißsynthese und damit auch die Bildung neuer Zellen (Wachstum). Die dunkelgrüne Farbe ausreichend mit Stickstoff versorgter Pflanzen ist auf eine vermehrte Synthese von Chloroplasten zurückzuführen. Stickstoffmangel wirkt sich negativ auf das gesamte Stoffwechselgeschehen aus. Pflanzen mit Stickstoffmangel weisen eine fahle hellgrüne Blattfarbe auf, sind von kümmerlichem Wuchs und neigen zu einer beschleunigten Abreife (Abb. 7-1).

Tab. 7-1: Wirkung von NPK Versorgung auf ausgewählte Ertrags- und Qualitätsmerkmale von Kartoffeln (orientierende Wertung nach Literaturangaben)

Merkmal	ansteigende Nährstoffversorgung		
	N	P	K
Bruttoertrag	positiver Einfluss	schwach pos. Einfluss	schwach pos. Einfluss
Marktwareertrag	positiver Einfluss	schwach pos. Einfluss	schwach pos. Einfluss
Knollenanzahl	kein eindeutig gerichteter Einfluss	positiver Einfluss	kein eindeutig gerichteter Einfluss
Knollengröße	positiver Einfluss	schwach neg. Einfluss	kein eindeutig gerichteter Einfluss
Stärkegehalt	schwach neg. Einfluss	schwach pos. Einfluss	negativer Einfluss
Gehalt an Rohprotein	positiver Einfluss	schwach pos. Einfluss	kein eindeutig gerichteter Einfluss
Nitratgehalt	negativer Einfluss	kein eindeutig gerichteter Einfluss	kein eindeutig gerichteter Einfluss
Gehalt an Vitamin C	schwach neg. Einfluss	kein eindeutig gerichteter Einfluss	positiver Einfluss
Gehalt an reduz. Zucker	positiver Einfluss	negativer Einfluss	schwach neg. Einfluss
Mineralstoffgehalt	negativer Einfluss	schwach pos. Einfluss	positiver Einfluss

positiver Einfluss · schwach pos. Einfluss · kein eindeutig gerichteter Einfluss · schwach neg. Einfluss · negativer Einfluss

Tab. 7-2: Wirkungen von NPK Versorgung auf ausgewählte Merkmale der äußeren und inneren Qualität sowie der technologischen Qualität von Kartoffeln (orientierende Wertung nach Literaturangaben)

Merkmal	ansteigende Nährstoffversorgung		
	N	P	K
mechanische Beschädigungen	negativer Einfluss	schwach pos. Einfluss	schwach pos. Einfluss
Braunfäule	negativer Einfluss	kein eindeutig gerichteter Einfluss	kein eindeutig gerichteter Einfluss
Nassfäule	negativer Einfluss	kein eindeutig gerichteter Einfluss	kein eindeutig gerichteter Einfluss
Schorf	kein eindeutig gerichteter Einfluss	kein eindeutig gerichteter Einfluss	kein eindeutig gerichteter Einfluss
Eisenfleckigkeit	kein eindeutig gerichteter Einfluss	kein eindeutig gerichteter Einfluss	kein eindeutig gerichteter Einfluss
Neigung zu Schwarzfleckigkeit	schwach neg. Einfluss	kein eindeutig gerichteter Einfluss	positiver Einfluss
Neigung zu Rohbreiverfärbung	schwach neg. Einfluss	schwach neg. Einfluss	positiver Einfluss
Neigung zu Kochdunkelung	negativer Einfluss	kein eindeutig gerichteter Einfluss	positiver Einfluss
Geschmack	schwach neg. Einfluss	kein eindeutig gerichteter Einfluss	schwach pos. Einfluss
Lagerfähigkeit	negativer Einfluss	positiver Einfluss	schwach neg. Einfluss

positiver Einfluss · schwach pos. Einfluss · kein eindeutig gerichteter Einfluss · schwach neg. Einfluss · negativer Einfluss

Neben dem gedüngten **mineralischen Stickstoff** steht den Pflanzen der aus dem Boden mineralisierte Stickstoff zur Verfügung. Diese Menge kann je nach Boden, Jahreswitterung, Humusgehalt und Bewirtschaftung in weiten Grenzen schwanken.

Zu reichlich mit Stickstoff versorgte Pflanzen zeigen verminderte Resistenzen gegenüber bakteriellen und pilzlichen Schaderregern. Ebenfalls kann die Resistenz der Kartoffel gegenüber Virusbefall durch eine reichliche N-Ernährung gemindert werden. Diese begünstigt auch die Entwicklung der Blattläuse, welche als Vektoren Kartoffelviren übertragen können.

Die N-Zufuhr sollte so gestaltet sein, dass vom Auflaufen bis zum Schließen der Bestände genügend Stickstoff zur Ausbildung eines leistungsfähigen Blattapparates zur Verfügung steht, denn bis zur Blüte werden etwa 80 % des gesamten Stickstoffs aufgenommen. Die Zufuhr von Stickstoff führt zu einer Erhöhung der Ertragsleistungen,

Abb. 7-1: Stickstoffmangelsymptome

vorausgesetzt, die Aufnahme und Verarbeitung in der Pflanze wird nicht durch einen anderen Faktor, wie z. B. die Wasserversorgung bei Trockenheit, limitiert. Die dann steigenden Gesamt- und Marktwareerträge sind vor allem auf die Zunahme des Übergrößenanteiles zurückzuführen, da die Abreife verzögert und die Vegetationszeit verlängert wird. Die Bestände bleiben länger grün und das Krautfäulerisiko steigt. Unter diesen Umständen können weitere Fungizidbehandlungen gegen Phytophthora zur Gesunderhaltung der Bestände notwendig werden und der Erntetermin, kann sich verschieben.

Unausgereift geerntete Bestände weisen eine geringere Schalenfestigkeit, niedrigere Trockensubstanz- und Stärkegehalte sowie höhere Gehalte an reduzierenden Zuckern auf. Besonders bei Lagerware ist eine nicht ausreichende Schalenfestigkeit problematisch, da die Lagereignung entsprechender Partien sowohl durch eine höhere Beschädigungsempfindlichkeit bei der Ernte als auch eine gestiegene Krankheitsanfälligkeit eingeschränkt ist. Ein hoher Anteil an Übergrößen führt ebenfalls zu einer Minderung der Lagereignung. Übergrößen sind beschädigungsempfindlicher als kleinere Knollen und mit zunehmendem Übergrößenanteil steigt meist auch der Anteil schwerer Knollenbeschädigungen.

In Verbindung mit wechselnden Wasserverhältnissen während der Vegetation können durch Stickstoff Zwiewuchs und Hohlherzigkeit der Knollen gefördert werden.

Der Nitratgehalt der Knollen steigt mit zunehmenden N-Gaben. Knollen mit einem hohen Nitratgehalt sind empfindlicher gegenüber bakterieller Nassfäule.

Eine einseitige, nicht auf den Bedarf abgestimmte N-Düngung fördert den Befall mit Fusarium, Alternaria, Erwinia und Pseudomonas. Steigende N-Ernährung führt zu einer intensiven Rohverfärbung, vor allem dann, wenn eine zu niedrige Kali-Versorgung der Pflanzen vorliegt. Gleiches kann auch für die Kochdunkelung gesagt werden. Bei hohen Backtemperaturen entstehen durch hohe Gehalte an reduzierenden Zuckern und freien Aminosäuren in den Knollen über mehrere Zwischenprodukte (Maillardreaktion) dunkel gefärbte Aminozucker. Da hohe N-Gaben sowohl den Gehalt an reduzierenden Zuckern (mangelnde Abreife) als auch an freien Aminosäuren fördern, können sie die unerwünschte Bräunung von Chips verstärken.

Phosphor

Phosphor (P) wird von der Pflanze hauptsächlich in anorganischer Form als $H_2PO_4^-$ aufgenommen. Die Bedeutung des Phosphors für die Pflanze liegt im Aufbau von Biomembranen, wichtigen Coenzymen und energiereichen Verbindungen. Phosphor hat eine Schlüsselstellung im Energiestoffwechsel der Pflanzen, vor allem bei der Ausnutzung und Umwandlung von Sonnenenergie in pflanzeneigene biochemische Energie und bei der Energieübertragung in biochemischen Prozessen. Phosphat ist am Aufbau von Eiweißstoffen und Kohlenhydraten beteiligt. So werden z. B. Stärkeeinlagerungen durch Phosphat als energieübertragendes Molekül der Stärkebiosynthese begünstigt. Der Stärkege-

Abb. 7-2: Phosphormangelsymptome

halt nimmt zu. Aufgrund seiner Rolle im Energiestoffwechsel führt Phosphor zu einer Verbesserung der Ernährungsbedingungen der Pflanzen und somit zu einer Ertragsstabilisierung. Die in der Literatur beschriebene Zunahme der Knollenzahlen bei Kartoffeln ist ebenfalls auf die Verbesserung der Ernährung und damit den Erhalt der angelegten Knollen zurückzuführen.

Phosphor führt als wichtiger Bestandteil der pflanzlichen Zelle zur Festigung des Pflanzengewebes und damit zu einer Erhöhung der Abwehrkräfte gegenüber Krankheitserregern.

Phosphor hat bei harmonischer Düngung eine krankheitsreduzierende Wirkung auf den Befall der Kartoffeln mit Phytophthora, Phoma, Fusarium, Spongospora und Alternaria. Des Weiteren wird die Viruswandergeschwindigkeit in der Pflanze reduziert. Phosphor wirkt reifebeschleunigend und besitzt somit einen positiven Einfluss auf die Schalenfestigkeit der Ernteware. Dadurch steigen mit der Beschädigungswiderstandsfähigkeit auch die Haltbarkeit und die Lagerfähigkeit der geernteten Partien.

Anders als Stickstoff hat der Nährstoff Phosphat auch einen bedeutenden Einfluss auf die Bodenfruchtbarkeit. Deswegen ist es besonders wichtig, die Bodenversorgung mit Phosphat mindestens im oberen Bereich der Versorgungsstufe B anzustreben.

Das Symptombild von Phosphormangel ist gekennzeichnet durch (Abb. 7-2):

- zunächst dunkelgrüne, danach gelb-rote Verfärbung der Blätter,
- nekrotische Flecken längs der Blattadern,
- Wölbung der Blattränder nach oben, nachfolgendes Absterben.

Kalium

Kalium (K) wird vor allem als Kation (K^+) von den Pflanzen aufgenommen. Im Unterschied zu den anderen Hauptnährstoffen wird es nicht in die organische Substanz eingebaut. Kalium spielt eine wichtige Rolle im Wasserhaushalt der Pflanzen. Es wirkt quellend, der Turgor wird erhöht.

Im Stoffwechsel der Pflanzen hat Kalium eine wichtige Funktion z. B. zur Aktivierung von Enzymen und der Regulierung des osmotischen Druckes in den

Zellen. Damit fördert Kalium die Bildung von Kohlenhydraten (Zucker, Stärke), Eiweiß sowie verschiedener organischer Säuren. Eine ausreichende Kaliversorgung fördert nicht nur den Aufbau und die Einlagerung von Stärke am Tag in den Blättern, sondern auch die Ableitung von Stärkevorstufen (Zuckern) in die Knollen während der Nacht. Unstrittig ist auch die Wirkung guter Kaliversorgung (> 2 % K in der TS) auf eine geringere Schwarzfleckigkeitsanfälligkeit. Die spezifische Aufgabe des Kaliums im Wasserhaushalt der Pflanzen zeigt sich besonders deutlich in Trockenjahren, wenn gut mit Kali ernährte Bestände aufgrund geringerer Verdunstung länger assimilieren als schlecht versorgte und somit auch zum Teil deutliche Mehrerträge zwischen 20 bis 80 dt/ha zur Folge haben.

Gut mit Kalium versorgte Pflanzen welken nicht so leicht, überstehen Trockenperioden besser und weisen bei trocken-warmem Wetter eine höhere Nettoassimilation auf. Aus dieser Eigenschaft lässt sich die ertragsstabilisierende Wirkung des Kaliums in Verbindung mit seinen weiteren Wirkungen in der Pflanze ableiten.

Bei einem übermäßigen K-Angebot kann es in den Kartoffelknollen aber zu einer erhöhten Wasseraufnahme, verbunden mit einer Absenkung des Trockensubstanz- bzw. des Stärkegehaltes, kommen. Dieser Zusammenhang ist vor allem beim Anbau von Kartoffeln zur industriellen Weiterverarbeitung zu berücksichtigen. Ein hoher Stärke- bzw. Trockensubstanzgehalt steigert den Erzeugerpreis und wird vonseiten der Verarbeiter angestrebt, denn er bestimmt weitgehend die Ausbeute an Fertigprodukten in der Veredelung. Weiterhin aktiviert das Kalium-Ion in den Pflanzen eine Reihe von Enzymreaktionen. Die Photosyntheseaktivität und der Abtransport der gebildeten Assimilate werden so durch Kalium verbessert. Es fördert die Synthese von Makromolekülen, wie z. B. Cellulose, Stärke, Fette, Eiweiße und weiteren Inhaltsstoffen, wie Zitronensäure und Vitamin C. Pflanzen, die diese speichern, haben einen besonders hohen Bedarf an Kalium. Zu ihnen zählt auch die Kartoffel. Es wird nicht nur der Aufbau dieser Stoffe günstig beeinflusst, sondern auch der Transport innerhalb der Pflanze in die Speicherorgane sowie deren Speicherleistung. Des Weiteren geht der

Abb. 7-3: Kaliummangelsymptome

Anteil reduzierender Zucker bei ausreichender Kaliumversorgung zurück, da deren Verarbeitung innerhalb der Pflanze ebenfalls begünstigt wird. In den Kartoffelknollen haben die höheren Gehalte an Zitronensäure und Vitamin C ein Abnehmen der Verfärbungsneigung des Knollenfleisches sowie der Blau- bzw. Schwarzfleckigkeit zur Folge. Der Kaligehalt in der Trockenmasse sollte bei Speisekartoffeln zwischen 2,2 bis 2,5 % und bei Stärkekartoffeln zwischen 1,8 bis 2,0 % betragen.

Die genannten Eigenschaften des Kaliums tragen auch zur Erhöhung der Widerstandsfähigkeit der Pflanze gegenüber Krankheitserregern bei. Durch die Förderung der Cellulosebildung wird die Ausprägung der Zellwände begünstigt. Dies führt nachweislich zu einem erschwerten Eindringen von Krankheitserregern, besonders Pilzen und Bakterien, in die Knolle. Außerdem wird den Erregern innerhalb der Zelle die Nahrung in Form von niedermolekularen Stoffen, wie lösliche Amide und Aminosäuren, sowie niedermolekularen Zuckern. Entzogen, da diese bei einem ausgewogenen N:K-Verhältnis rasch zu höhermolekularen Stoffen verarbeitet werden.

Kalium wirkt sich vorwiegend positiv auf den Befall mit Phytophthora, Fusarium, Rhizoctonia, Botrytis sowie Sklerotinia aus und senkt die Viruswandergeschwindigkeit innerhalb der Pflanze. Der beschriebene günstige Effekt auf die Ausbildung der Zellwände führt zu einer Verringerung der Beschädigungsempfindlichkeit. Die Neigung zur Blau- bzw. Schwarzfleckigkeit geht zurück. Kalium verbessert somit die Lagereignung durch eine geringere Beschädigungsempfindlichkeit und eine bessere Gesundheit der Lagerbestände.

Bei der Betrachtung der Wirkungen des Nährstoffs K auf die Kartoffel muss auch das je nach Düngerform (sulfat- bzw. chloridhaltig) enthaltene Anion berücksichtigt werden. Die Kartoffel zählt zu bedingt chloridempfindlichen Kulturpflanzen. In zahlreichen Veröffentlichungen wird vor allem über die stärkegehaltssenkende Wirkung einer chloridhaltigen Kalidüngung berichtet. Die Chloridwirkung beruht hauptsächlich auf der Behinderung der Assimilateinlagerung in die Knollen. Außerdem wird auch der Assimilattransport aus den Blättern in die Stängel beeinträchtigt. Weiterhin werden positive Auswirkungen einer chloridhaltigen Kalidüngung auf die Blaufleckigkeit genannt. Es wird auch berichtet, dass Chlor die Virusausbreitung in der Pflanze und die Knolleninfektion begünstigt.

Das Symptombild von Kalimangel ist gekennzeichnet durch (Abb. 7-3):

- am Blattrand und an den Blattspitzen beginnende zunächst blau-grüne, später bronzefarbige Verfärbung der Blätter,
- fortschreitende Nekrosen und Absterben der Blätter,
- vermindertes Wurzelwachstum und Ausbildung nur weniger Triebe.

Magnesium

Magnesium nimmt im Kohlenhydratstoffwechsel eine wichtige Schlüsselstellung ein. Es ist als Zentralatom im Chlorophyll enthalten und somit an der Umwand-

Abb. 7-4: Magnesiummangelsymptome

lung von Sonnenlicht in Pflanzenmasse beteiligt.

Bei ammoniumbetonter N-Düngung ist wegen des NH_4/Mg Antagonismus eine ausreichende Mg-Versorgung besonders wichtig. Die zeitliche Aufnahme des Magnesiums durch die Pflanze unterscheidet sich von anderen Nährstoffen dadurch, dass nach der Blüte noch über 40 % der Gesamtaufnahme erfolgen, während zum Zeitpunkt der Blüte die Phosphor- und Kaliaufnahmen bereits zu über 70 % abgeschlossen sind.

Magnesium (Mg) nimmt die Pflanze als Kation (Mg^{2+}) auf. Kalium (K^+) und Ammonium (NH_4^+) sind natürliche Antagonisten des Mg^{2+} und können die Mg-Aufnahme aus der Bodenlösung in die Pflanze stark behindern.

Mg-Mangel tritt dann schnell auf, wenn das Verhältnis K:Mg im Boden 3:1 und weiter wird. Magnesium regelt im Zusammenspiel mit Kalium und Kalzium den Quellungszustand der Zellen. Es ist das Zentralatom im Chlorophyll und beeinflusst daher die Assimilationsleistung. Seine Bedeutung im Energiestoffwechsel und auch im Kohlenhydrat-, Fett und Eiweißstoffwechsel beruht auf der Aktivierung zahlreicher Enzyme. Vor allem die Bildung von Kohlenhydraten und Proteinen wird gefördert. Mg-Mangel behindert die Assimilationsleistung, denn mit zunehmendem Mangel setzt der Chlorophyllabbau ein. Es kommt zu sichtbaren Aufhellungen zwischen den Blattadern, die zu Nekrosen führen können. Fehlt Magnesium, können nicht ausreichende Mengen eines benötigten Enzyms aktiviert werden. Die Stoffwechselvorgänge werden dann gehemmt oder aber vermindert. Eine optimale Mg-Versorgung verhindert z. B. die Zunahme des Nitratgehaltes in der Pflanze, da sich dieses bei einer verminderten Photosynthese anreichert. Außerdem beeinflusst Magnesium die Bildung des nitratabbauenden Enzyms Nitratreduktase. Fehlt dieses, kann Nitrat nur eingeschränkt in der Pflanze weiterverarbeitet werden. Auch ist Mg ein notwendiger Enzymaktivator für die Bildung von Karotin, der Vorstufe des Vitamin A. Durch einen hohen Mg- und K-Gehalt wird die Aktivität der Phenoloxydasen gehemmt. Dies führt zu einer deutlichen Verminderung der Neigung zu Rohbreiverfärbung.

Magnesium wird neben Kalzium auch in das Grundgerüst der Zellwände eingebaut. Die stabileren Zellwände erschweren das Eindringen von Krankheitserregern. Magnesium wirkt bei einer ausgeglichenen Düngung krankheitsreduzierend vor allem auf Phytophthora, Spongospora, Rhizoctonia und Synchitrium. Schorfbefall soll ebenfalls durch Magnesium vermieden oder aber vermindert werden. Weiterhin ist Magnesium auch ein wichtiger Bestandteil der Zellmembranen. Diese dienen zum Abgrenzen von Stoffwechselvorgängen innerhalb der Zelle und ermöglichen einen kontrollierten Stofftransport.

Das Symptombild von Magnesiummangel ist gekennzeichnet durch (Abb. 7-4):

- Aufhellungen zwischen den Blattadern der älteren unteren Blätter,
- nachfolgend flächige Ausbildung von Nekrosen, zuletzt an den Blatträndern.

Neben den beschriebenen Hauptnährstoffen N, P, K und Mg sind Kalzium (Ca) und Schwefel (S) für die Kartoffel unentbehrliche Nährstoffe.

Der Bedarf der Kartoffelpflanze an den beiden Nährstoffen Ca und S ist im Vergleich zu anderen landwirtschaftlichen Kulturen geringer und wird in der Regel über Zufuhren innerhalb der Fruchtfolge gedeckt

Kalzium fördert die Zellvermehrung und -streckung und damit das Wachstum der Pflanze. Des Weiteren ist es wesentlich am Aufbau von Zellwänden und Membranen beteiligt und nimmt eine wichtige Funktion als Antagonist zu den Hauptnährstoffen Kalium und Magnesium im Wasserhaushalt der Pflanzen ein.

Der Kalk wird meistens als Bodendünger bezeichnet. Hierin besteht sicherlich auch seine Hauptaufgabe. Die Calciumgehalte der Mineralböden sind in der Regel so hoch und der Bedarf der Kartoffelpflanzen so gering, dass Calciummangel an Kartoffelpflanzen nicht beobachtet wird.

Der Kalk im Boden neutralisiert die Bodensäuren, stabilisiert die Krümelstruktur und sollte in einem ertragsfähigen Boden den Sorptionskomplex (Tonminerale) zu 60 % belegen.

Für Ackerböden gelten optimale pH-Werte in Abhängigkeit von Humus- sowie Feinerdeanteil. So liegt der optimale ph-Wert für schwach lehmige Sande (6–12 % Ton) bei weniger als 4 % Humus zwischen 5,8 und 6,5, für starke lehmige Sande (13–17 % Ton) bei weniger als 4 % Humus zwischen 6,1 und 6,8.

Eine Einstellung des optimalen pH-Wertes sollte im Rahmen der Fruchtfolge, aber nicht direkt zur Kartoffel, erfolgen.

In der Pflanze (Knolle) ist das Calcium unter anderem wichtiger Bestandteil der Zellwände und erhöht bei guter Calciumernährung deren Stabilität.

Abb. 7-5: Schwefelmangelsymptome

Schwefel

Schwefel ist vor allem für die Proteinsynthese notwendig, unter anderem als Baustein von Enzymen, Protoplasten und auch Vitaminen.

Die Funktionen und Mangelsymptome von Mikronährstoffen gehen aus der folgenden Tabelle 7-3 bzw. Tabelle 7-4 und Abb. 7-6 hervor.

Tab. 7-3: Funktionen und Mangelsymptome von Mikronährstoffen

Mikro-nährstoff	Anspruch der Kartoffel	Funktion in der Kartoffelpflanze	Symptome bei Mangel
Mangan	hoch	Photosynthese	Hellgrün-gelbe Flecken und nekrotische Punkte an den jüngeren Blättern längs der Blattnerven
Molybdän	gering	Co-Faktor von Enzymen	Blattaufhellungen an den älteren Blättern, Blattdeformationen und chlorotische Flecken an den jüngeren Blättern
Kupfer	gering-mittel	Photosynthese, Co-Faktor von Enzymen	Gelbfärbung und Einrollen der jüngsten Blätter, Absterben der Spitzenknospen
Zink	mittel	Co-Faktor von Enzymen bei der Proteinsynthese	Deformationen, Einrollen und Absterben der jüngsten Blätter
Bor	mittel	Wurzelwachstum, Stoffwechselfunktionen	Aufhellungen und Absterben der Sprossspitzen, Einrollen und Nekrotisierung der Blätter des Haupttriebes
Eisen	gering	Co-Faktor von Enzymen bei der Photosynthese	Gelbfärbung durch Chlorophyll-Mangel zwischen den scharf abgegrenzten Blattadern

Abb. 7-6: Symptombilder von Mikronährstoffmangel

Tab. 7-4: Funktion und Wirkungen von Mikronährstoffen auf das Wachstum von Kartoffeln

Merkmal	Bor (B)	Eisen (Fe)	Kupfer (Cu)	Mangan (Mn)	Molybdän (Mo)	Zink (Zn)
Gehalt in mg/100 g FM (WOOLFE 1987)	0,136	0,740	0,193	0,253	0,091	0,410
Aufnahme als:	Borat-Ion (BO_3^{3-})	Fe^{2+} oder chelatartige Bindung	Cu^{2+} oder chelatartige Bindung	Mn^{2+}, auch über Blatt möglich	Molybdation (MoO_4^{2-})	Zn^{2+} oder chelatartige Bindung
Funktionen in der Pflanze	Kohlenhydratstoffwechsel, Energieübertragung, Kohlenhydrattransport	Bestandteil von Enzymen, Aufbau von Chlorophyll und Eiweiß	Photosynthese (Chlorophyll) Assimilatspeicherung, Eiweiß- und Ligninsynthese	enzymaktivierende Wirkung (vor allem bei der Kohlenhydrat- und Eiweißsynthese)	Bestandteil verschiedener Enzyme, die bei der N-Assimilation wirksam sind	Bestandteil verschiedener Enzyme, Chlorophyllbildung, Phosphorhaushalt, Wuchsstoffbildung
	fördert Zellwandbildung, Fruchtbarkeit und Winterfestigkeit		Kälteresistenz	steigert den Fett- und Vitamingehalt, aktiviert Photosynthese und Ausbildung der Kälteresistenz		
Mangelsymptome	Absterben der Vegetationspunkte an Spross und Wurzel, verstärkter Seitenknospenaustrieb, jüngste Blätter chlorotisch	bei den jüngsten Blättern beginnendes Gelbwerden bis zur Weißfärbung (Chlorose), Hauptadern bleiben grün	junge Blätter verwelken an der Spitze, meist ohne Chlorose, unter Weißfärbung, Ährenmissbildungen	junge Blätter verfärben sich blass-grün, abgestorbene Flecken oft mit dunkler Umrandung die zusammenfließen (Dörrfleckenkrankheit), zunächst netzartig grün	Pflanze sieht hell- bis weißgrün und weißgelb aus, später Chlorosen und starke Deformationen, vor allem der jungen Blätter bis zum Absterben des Vegetationskegels bei starkem Mangel	Vergilben und partielle Weißfärbung der Blätter, beginnend bei den älteren Blättern mit Streifen zwischen den Adern, kann bis zum Absterben des Blattes führen, Sprossstauchung, Zwergwuchs
mangelgefährdete Böden	vor allem alkalische, trockene Böden.	alkalische Böden infolge Ausfällung von Fe-Oxid-Hydraten	vor allem Moorböden (durch Cu-Armut und Cu-Fixierung in organischer Substanz)	alkalische und vor allem aufgekalkte Böden infolge Oxidation zu unlöslichen MnIV-Oxiden	Saure Böden infolge Sorption von Molybdat an Eisenoxidhydraten	phosphatreiche Böden (Zn-Festlegung in Wurzeln), Sand- und Karbonatböden mit viel schwer zersetzbarer organ. Substanz

Tab. 7-4: Funktion und Wirkungen von Mikronährstoffen auf das Wachstum von Kartoffeln (Fortsetzung)

Merkmal	Bor (B)	Eisen (Fe)	Kupfer (Cu)	Mangan (Mn)	Molybdän (Mo)	Zink (Zn)
Gehalt in mg/100 g FM (WOOLFE 1987)	0,136	0,740	0,193	0,253	0,091	0,410
Auswirkungen auf die Kartoffel	Verbesserung der Schalenfestigkeit und -reifung, Minderung der Schorfausbildung	Alkalische Böden infolge Ausfällung von Fe-Oxid-Hydraten	wesentlicher Bestandteil von Mitteln zur Phytophthorabekämpfung im ökolog. Landbau, Kartoffel gehört zu den Kulturen mit den geringen Ansprüchen an Cu-Versorgung, resistenzfördernde Wirkung bei Kart. gegenüber Phytophthora, Schwarzbeinigkeit, Schorf und bakt. Lagerfäulen, Kart. gehören zu den Kulturen mit einer geringen Empfindlichkeit gegenüber niedrigen Cu-Gehalten	vermindert Schorfbefall der Knollen, Resistenz der Kart. durch Mn gefördert gegen *Phytophthora infestans*		Widerstandsfähigkeit der Kartoffel gegen Phytophthora infestans durch Zn-Gaben verbessert
	Verminderung der Trockenfäule und der Braunfleckigkeit			bei Kart. durch Mn-Düngung eine Zunahme des Stärkegehaltes um 1 %, bei Mn-Mangel Nitrat- und Nitritanreicherung		
	Anfälligkeit von Kartoffeln gegen Nassfäule konnte auf leichten B-ärmeren Böden vermindert werden					

8 Düngung

Die Düngung gehört nach wie vor zu den wichtigsten ertragswirksamen Maßnahmen im Kartoffelanbau. Sie hat zum Ziel, die Pflanzen mit den zum Wachstum nötigen Elementen so zu versorgen, dass von der eingestrahlten Sonnenenergie über den Prozess der Photosynthese ein möglichst hoher Anteil in Biomasse umgewandelt werden kann. Neben dieser rein quantitativen Betrachtung ist es bei der Düngung der Kartoffel darüber hinaus besonders wichtig, die Düngung den qualitativen Anforderungen je nach Verwendungszweck anzupassen.

Bekanntlich sind die qualitativen Anforderungen an eine Speisekartoffel andere als an eine Pflanzkartoffel, eine Stärkekartoffel oder an eine Kartoffel zur Veredelung. Selbst bei der Düngung der Veredelungskartoffeln muss weiter differenziert werden, zu welchem Veredelungszweck (z. B. Pommes, Chips, Trockenkartoffeln) die Kartoffeln angebaut werden.

Für ein ungestörtes Wachstum ist es unerlässlich, dass den Pflanzen in den einzelnen Wachstumsabschnitten die Nährstoffe in ausreichender Menge und im optimalen Verhältnis der Nährelemente zueinander zur Verfügung stehen.

Die Bemessung der Düngung zu Kartoffeln muss unter Berücksichtigung:

- des Ertragszieles und des Nährstoffentzuges durch den zu erwartenden Ertrag,
- des Nährstoffgehaltes des Bodens und der Einstufung in die Gehaltsklassen bzw. Versorgungsstufen,
- der Nährstoffnachlieferung aus wirtschaftseigenen Düngemitteln, einschließlich einer Gründüngung

erfolgen.

Dabei sind alle aktuellen, regionalen und rechtlichen Bestimmungen sowie Vorgaben einzuhalten. Die ausgebrachten Düngermengen dürfen den schriftlich ermittelten Bedarf und die rechtlich zulässigen Höchstmengen nicht überschreiten.

Bei Vorliegen der Versorgungsstufe C sollen die Nährstoffgaben nur den zu erwartenden Entzug ersetzen. Liegt eine höhere Versorgungsstufe (D, E) vor, erfolgen Abzüge bei der Bemessung der Düngergaben. Beim Vorliegen einer niedrigeren Versorgungsstufe (B, A) sind erhebliche Zuschläge erforderlich bzw. muss eingeschätzt werden, ob das angestrebte Ertragsniveau unter den örtlichen Standortbedingungen überhaupt erreichbar ist.

Organische Düngung (z. B. Stallmist, Gülle) ist angebracht, wenn folgende Punkte berücksichtigt werden:

- Nährstoffgehalte exakt ermitteln und bei der Gesamtdüngungshöhe berücksichtigen,
- höchstens 20 m^3 Schweine- oder Rindergülle im Frühjahr,
- keine Hühnergülle zu Kartoffeln,
- gleichmäßige Verteilung gewährleisten,
- Stallmist im Herbst bzw. zur Vorfrucht ausbringen,

- Strukturschäden (Bodenverdichtungen) beim Ausbringen vermeiden,
- Kombination Gülle und Gründüngung anstreben.

Der Gesamtbedarf eines Nährstoffes ergibt sich aus dem geplanten Ertrag und dem Nährstoffbedarf je dt Ernteprodukt (Tab. 8-1 und 8-2).

Tab. 8-1: Nährstoffentzüge von Kartoffeln ohne Kraut (Quelle: Zusammenstellung nach Angaben verschiedener Autoren)

Nährstoff		ME	Entzug bei einem Ertrag von	
			100 dt Knollen	400 dt Knollen
Stickstoff	(N)	kg	30–40	140–160
Kali	(K_2O)	kg	50–75	200–300
Phosphat	(P_2O_5)	kg	14	56
Magnesium	(MgO)	kg	3,5	14
Kalk	(CaO)	kg	1	4
Mangan	(Mn)	g		ca. 100
Bor	(B)	g		ca. 50
Kupfer	(Cu)	g		ca. 70
Zink	(Zn)	g		ca. 150–200

Stickstoffdüngung

Die Bemessung der N-Düngung nach Stickstoffbedarfsanalyse (SBA) berücksichtigt die im Boden verfügbaren Stickstoffmengen (N_{min}-Wert), den zu erwartenden Ertrag sowie schlagspezifische Standortbedingungen und agrotechnische Maßnahmen. Wichtig ist, dass bei der Bodenanalyse die organische Düngung angegeben wird. Die daraus resultierende Düngungsempfehlung wird durch die Stickstoff-Bedarfsanalyse computergestützt berechnet. Sie weist die zu düngende N-Menge pro Hektar aus. Gemäß Düngeverordnung darf der errechnete Bedarfswert nicht überschritten werden.

Verfügbarer Stickstoff muss der Kartoffelpflanze sofort zu Wachstumsbeginn in ausreichender Menge zur Verfügung stehen, um eine zügige Entwicklung des Blattapparates und des Wurzelsystems zu gewährleisten. Der N_{min}-Vorrat wird im Zuge der Vegetation kontinuierlich verbraucht (Abb. 8-1).

Neben dem gedüngten mineralischen und organischen Stickstoff steht den Pflanzen der aus dem Boden mineralisierte Stickstoff zur Verfügung. Diese Men-

Tab. 8-2: Düngeempfehlung für Phosphor, Kali und Magnesium in Abhängigkeit vom Ertragsniveau (Bodengehaltsklasse C) in kg Nährstoff/ha

Nährstoffentzug[1] kg/dt		Ertragserwartung in dt/ha				
		250	300	350	400	500
P_2O_5	0,16	40	48	56	64	80
K_2O	0,78	195	234	273	313	390
MgO	0,08	20	24	28	32	40

[1] *einschließlich Entzug für Koppelprodukt*

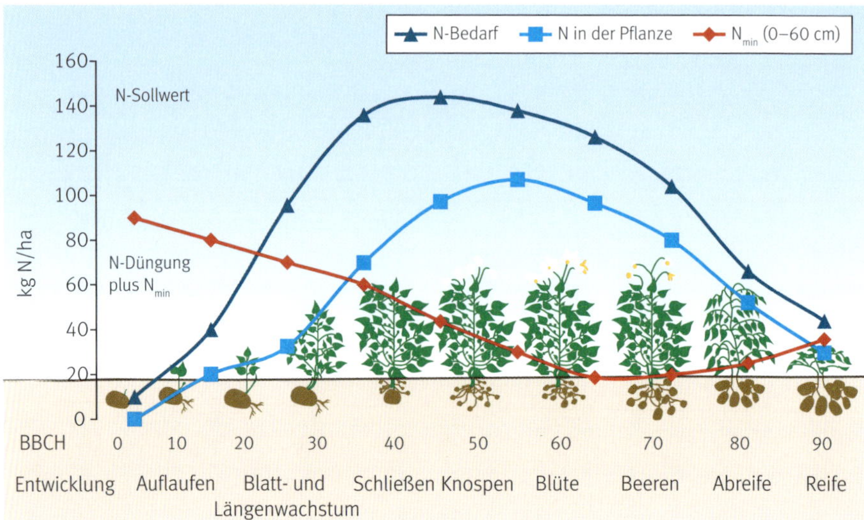

Abb. 8-1: N-Bedarf, Stickstoff (N) in der Pflanze und N_{min}-Gehalt im Boden (mittlere Werte aus Versuchen mit Kartoffeln, Standort Bernburg)

ge kann je nach Boden, Jahreswitterung, Humusgehalt und Bewirtschaftung in weiten Grenzen schwanken.

Für die Stickstoffdüngung steht eine Vielzahl an Düngemitteln zur Verfügung, deren Wirkungen sich in Abhängigkeit von der N-Form unterscheiden (Tab. 8-3).

NO_3-N (Nitrat)

NO_3-N (Nitrat) wird im Boden nicht gebunden, gelangt daher mit dem Wasser rasch zu den Pflanzenwurzeln. Nitrat wirkt sehr schnell, kann aber auch leicht verlagert werden.

NH_4-N

NH_4-N (Ammonium) kann zwar direkt von Pflanzen aufgenommen werden, gelangt aber wegen der festen Bindung im Boden erst nach der mikrobiellen Umwandlung zu Nitrat in größerem Umfang zu den Wurzeln. Ammonium wirkt langsamer als Nitrat.

Amid-N

Amid-N (Harnstoff) kann in gewissem Umfang über die Blätter aufgenommen werden (z. B. bei AHL, gelöstem Harnstoff). Aufgrund der schnellen Umwandlung zu Ammonium wird nur wenig Harnstoff über die Wurzel aufgenommen.

Tab. 8-3: Zusammensetzung und N-Formen der wichtigsten Stickstoffeinzeldünger (Quelle: Knittel u. a.)

Produkt	N-Gehalt %		N-Formen %		
	Gesamt-N	Gesamt-N Nitrat-N	Ammo-nium-N	Amid-N	Weitere Inhaltsstoffe
Kalksalpeter	15,5	14,5	1,1		19 % CaO
Kalinitrat	13	13			45 % K_2O
Kalkammonsalpeter	27	13,5	13,5		12 % Ca, teilw. bis 4 % MgO
Ammonnitrat mit Schwefel	24	12	12		6 % S
Ammonsulfatsalpeter	26	7,5	18, 5		13 % S
Ammonsulfatsalpeter stabilisiert	26	7,5	18,5		DMPP Stabilisator
Schwefelsaures Ammoniak	21		21		24 % S
Ammoniumnitrat-Harnstoff-Lösung (AHL)	28	7	7	14	
Ammoniumnitrat-Harnstoff-Lösung (AHL) stabilisiert	28	7	7	14	DCD/MP Stabilisator
Ammoniumnitrat-Harnstoff-Lösung (AHL) mit Schwefel	24	5	5	11	3 % S
Harnstoff	46			46	
Ammonsulfat-Harnstoff	33		10,4	22,6	12 % S
Ammonsulfat-Harnstoff	38		6,6	31,4	7,5 % S
Kalkstickstoff	19,8	1,5			18,3 Cyanamid-N
Harnstoff stabilisiert	47			44	3 % DCD-N Stabilisator

Formaldehydharnstoff

Formaldehydharnstoff ist Bestandteil einiger Düngemittel, die vom Handel zur Blattdüngung angeboten werden. Diesen sehr teuren Düngemitteln wird aufgrund der speziellen N-Form eine vierfach höhere N-Effizienz im Vergleich zu anderen N-Formen nachgesagt. Die Landwirtschaftskammer Nordrhein-Westfalen hat diese Aussage in insgesamt 13 Spätdüngungsversuchen zu Winterweizen bzw. Wintergerste überprüft. Eine höhere N-Effizienz konnte hierbei nicht nachgewiesen werden!

Cyanamid-N

Cyanamid-N ist die wesentliche N-Form im Kalkstickstoff. Nach dem Ausstreuen setzt sich **Kalkstickstoff** unter dem Einfluss von Bodenfeuchtigkeit über mehrere Zwischenstufen um. In der ersten Teilreaktion wird Kalkstickstoff (Ca-Cyanamid) zu Kalk und Cyanamid umgewandelt. Das Zwischenprodukt Cyanamid wird weiter über Harnstoff zu Ammonium umgewandelt. Die Cyanamidphase hält je nach Umsetzungsbedingungen 8 bis 14 Tage lang im Boden an. Von diesem Zwischenprodukt gehen die zahlreichen Nebenwirkungen des Kalkstickstoffes (gegen Unkräuter, Pilzkrankheiten, Schädlinge, Parasiten) aus. Ein Teil des Cyanamids reagiert weiter zu Dicyandiamid (DCD). Dieses DCD hat nitrifikationshemmende Eigenschaften.

Nitrifikationshemmer

Nitrifikationshemmer beeinträchtigen die Tätigkeit der Bakterien, die Ammonium zu Nitrat umwandeln (Nitrifikation). Die Nitrifikationshemmer werden mit steigenden Bodentemperaturen zunehmend abgebaut. Dadurch stellen stabilisierte N-Dünger eine langsam fließende, gut an den N-Bedarf der Pflanzen angepasste N-Quelle dar. Solange der NH_4-N nicht zu NO_3-N umgewandelt worden ist, ist er vor Auswaschung geschützt.

Als bevorzugte Düngerform haben sich im Kartoffelanbau Kalkammonsalpeter und schwefelsaures Ammoniak besonders bewährt. Harnstoff und Ammoniumnitrat-Harnstoff-Lösung sollten direkt zum Pflanzen (Einarbeitung empfohlen)

Abb. 8-2: Stickstoff und Phosphor sind die Nährstoffe, die den Kartoffelertrag maßgeblich bestimmen. Während Stickstoff beim Aufbau des Kartoffelbestandes und Mengenzuwaches eine große Rolle spielt, wirkt sich Phosphor positiv auf den Knollenansatz der Pflanze aus. Stickstoff gerät aber im Laufe der Knollenbildung immer mehr in den Hintergrund und wirkt sich oft lange vor Erreichen des maximalen Ertrages auf viele Qualitätsmerkmale negativ aus.

ausgebracht werden. Die stabilisierten N-Dünger, wie z. B. Basammon stabil, können besonders auf sehr durchlässigen Böden und bei hohen Niederschlägen Vorteile gegenüber anderen N-Düngerformen haben.

Aufgrund der oben beschriebenen Zusammenhänge sollte die gesamte N-Düngermenge so verabreicht werden, dass keine Verluste (z. B. Verlagerung in tiefere Bodenschichten, gasförmige Entbindung) auftreten und den Pflanzen sofort zu Wachstumsbeginn ausreichend Stickstoff zur Verfügung steht. Das bedeutet, dass in der Praxis häufig die N-Düngung vor dem Pflanzen oder spätestens zum Anhäufeln der Kartoffeln erfolgt. Eine Teilung der N-Gaben kann jedoch bei später abreifenden Sorten (mittelspäte bis späte Reifegruppe) anderer Verwertungsrichtungen und unter besonderen Klimaregionen oder Bodenverhältnissen sinnvoll sein.

Phosphordüngung

Auf gut versorgten Böden (Versorgungsstufe C und höher) wird eine P-Düngung zu Kartoffeln weniger direkte messbare Auswirkungen hinsichtlich Qualitätsverbesserungen zeigen. Hier kommt es darauf an, über eine ausreichende P-Düngung im Rahmen der Fruchtfolge den gewünschten P-Versorgungsgrad des Bodens aufrechtzuerhalten und so die Ertrags- und Qualitätssicherung zu gewährleisten. Daher lautet die Empfehlung: 60 bis 90 kg P_2O_5/ha. Als Düngerform werden häufig den wasserlöslichen P-Formen (Triplephosphat, Ammon-Diammonphosphat) Vorteile eingeräumt (Tab. 8-4).

Da Kartoffeln im Jugendstadium Bodenphosphor nicht aufnehmen können, ist nur wasserlöslicher P-Dünger zu düngen. Bewährte P-Dünger sind unter anderem Triplephosphat (46 % P_2O_5), Superphosphat (18 % P_2O_5, 12 % S), Diammonphosphat (DAP, 46 % P_2O_5, 18 % N als Ammonium), Entec (25 % N, 15 % P_2O_5) oder verschiedene Mehrnährstoffdünger. Bei den Mehrnährstoffdüngern sind immer alle Nährstoffe anzurechnen.

Tab. 8-4: Zusammensetzung und Löslichkeit wichtiger Phosphatdünger (Quelle: Knittel u. a.)

Produkt	P_2O_5-Gehalt %	Löslichkeit % in				
		Wasser	Ammon-citrat	Zitronen-säure	Ameisen-säure	Mineral-säure
Hyperphos 31 Weicherdiges Rohphosphat	31				66	100
Novaphos 23 Teilaufgeschlossenes Rohphosphat	23		25	25		100
(Single) Superphosphat	18	>93				
Triple Superphosphat	46	>93				
Diammonphosphat 18 + 46 (DAP)	46	>93				

Hat man früher Phosphatdünger im Herbst auf die Stoppel gestreut, so bietet es sich heute an, besonders die wasserlöslichen Phosphate im Frühjahr zu streuen. Da Phosphat im Boden so gut wie nicht beweglich ist, sollte es entweder vor dem Pflanzen bzw. vor dem Häufeln ausgebracht werden, um so in die Nähe der Pflanzenwurzeln zu gelangen. Aus den Ergebnissen von Versuchen konnte eine generelle Empfehlung zur platzierten P-Düngung nicht abgeleitet werden. Die Legemaschinenhersteller bieten aber seit dieser Zeit immer mehr Typen an, mit denen das Ausbringen von gekörnten Düngern möglich ist. Der Einsatz solcher Geräte ist empfehlenswert. Von den zu düngenden Nährstoffen bietet es sich dann vorrangig an, das Phosphat in Form von Ammonsulfat zu platzieren.

Anders als Stickstoff hat der Nährstoff Phosphat auch einen bedeutenden Einfluss auf die Bodenfruchtbarkeit. Deswegen ist es besonders wichtig, die Bodenversorgung mit Phosphat mindestens im oberen Bereich der Versorgungsstufe B zu sichern.

Deutlich höhere P-Gaben sind hier vorteilhaft. Dadurch ist sowohl eine ausreichende P-Ernährung der Kartoffeln gesichert als auch langjährig ein verbesserter P-Gehalt im Boden erreichbar.

Auf gut versorgten Böden reicht ein Teil der Entzugsdüngung. Der Restbedarf kann weitgehend aus dem Bodenvorrat gedeckt oder im Frühjahr als Mehrstoffdünger oder Unterfußdüngung gegeben werden.

Phosphor (P) liegt im Boden stark gebunden vor. Daher ist trotz oft hoher P-Gehalte eine direkte P-Aufnahme aus der Bodenlösung nur als Orthophosphat und durch vorkommende Säuren gelöste labile Phosphate möglich. Auch das schwach ausgeprägte Wurzelsystems der Kartoffeln, niedrige Temperaturen und eine starke Abhängigkeit vom pH-Wert begrenzen für die Pflanzen die P-Verfügbarkeit im Boden.

Phosphor kann neben der Grunddüngung den Pflanzen auch direkt mittels Blattdüngung oder Saatbandbehandlung zugeführt werden. Die vielfältige Möglichkeit der P-Versorgung macht die Entscheidung für die geeignete Variante nicht einfach. Immer sind standörtliche und schlagspezifische Gegebenheiten, die konsequente Umsetzung der Firmenhinweise, eigene Erfahrungen und Beobachtungen des Pflanzenbestands und repräsentative Proberodungen für den Erfolg entscheidend.

Eine P-betonte Blattgabe kann witterungs- und standortbedingten Unregelmäßigkeiten, wie niedrige Bodentemperaturen, Trockenheit, Bodenverdichtungen oder ungünstiges Nährstoffverhältnis, entgegenwirken. Eine Blattdüngung vermeidet gezielt ertragsphysiologische Nachteile und kann bei einer Behandlung zu Beginn des Anschwellens der Stolonen den Knollenansatz erhöhen.

Behandlungen mit einem NPK-Blattdünger mit einem hohen Anteil an schnell verfügbarem wasserlöslichen Phosphat, wie z. B. Folistar-Extra (28 % P_2O_5, 13 % K_2O, 3 % N), können bis zur Blüte die Qualität und den Ertrag begünstigen. Auch die Kombination von Beizung und Blattdüngung mit einem speziellen Präparat (Nutri-Phite Magnum S) ist bei genau zu beachtenden Behandlungszeitpunkten möglich. Der als Biostimulator angebotene NK-Dünger auf Basis von Kaliumphosphit beinhaltet einen Phosphatgehalt von 38 % P_2O_5 in Form von Phosphit.

Kaliumdüngung

Wie bei allen anderen Nährstoffen müssen bei der Bemessung der Höhe der Kalidüngung zu Kartoffeln der Kaligehalt des Bodens, die Bodenart, die Höhe des Ertrages sowie die Verwertungsrichtung berücksichtigt werden.

Die Beachtung der K-Gehalte im Boden und der Verwertungsrichtung der Kartoffeln erfordert generell schlagspezifische Kaliumdüngestrategien. Der Kaliumbedarf der Kartoffeln ist während der Vegetation erst verhalten, danach bis zur Blüte sehr dynamisch und nimmt während der Abreife wieder deutlich ab.

Der K-Bedarf übertrifft den Stickstoffbedarf bei Weitem. Das K-Optimum von Kartoffeln liegt je nach Bodenart, Gehaltsklasse und Ertrag bei 200 bis 400 kg K/ha. Während zur Ernte der Stickstoffgehalt in der Knolle zugunsten niedriger Nitratwerte stark abnehmen sollte, sind hohe K-Gehalte in der Knolle um 2,5 % Kalium in der Trockenmasse für eine verbesserte Schalenfestigkeit und Lagerung gewünscht. Ein K-Gehalt von 2,0 % reicht dagegen aus, um physiologisch bedingte Verfärbungen in den Knollen weitgehend zu verhindern.

Eine über den Bedarf hinausgehende zu hohe Kalidüngung kann allerdings den Stärkegehalt der Kartoffeln reduzieren. In erster Linie ist die Ursache hierfür häufig das mit den Kalidüngern ausgebrachte Chlorid (Tab. 8-5).

Deshalb sollte zu Kartoffeln mit angestrebtem hohem Stärkegehalt die Kalidüngung bevorzugt in Form von sulfatischem Kali (z. B. Kalimagnesia) erfolgen.

Eine Kalidüngung im Frühjahr in Form von chloridischem Kali kann den Stärkegehalt um mehr als 1 % (absolut) gegenüber sulfatischen Kaliformen senken.

Die Verwertungsrichtung ist bei der K-Düngung mit einem Zu- oder Abschlag zu berücksichtigen. Allgemein gilt für Speisekartoffeln eine um 10 bis 20 % hö-

Tab. 8-5: Zusammensetzung wichtiger Kalidünger (Quelle: Knittel u. a.)

Produkt	K_2O-Gehalt %	Zusätzliche Nährstoffe %			
		MgO %	Na %	S %	Sonstige %
Korn-Kali mit 6 % MgO	40	6	3	4	
60-er Kali	60				
Magnesia-Kainit	11	5	20	4	
Kaliumsulfat, Hortisul	50, 52			18	
Patentkali	30	10		18	
Kali-Nitrat	45				13 NO,N

here K-Gabe und für Stärkekartoffeln eine K-Reduzierung von 30 bis 40 %. Für die Bemessung der Düngergabe nach Abfuhr spielt die Ertragserwartung eine wesentliche Rolle. Regional sind durchaus 60 bis 70 t/ha und bei Beregnung noch höhere Erträge möglich.

Auf den mittleren und schweren Böden sollte die Kaliumdüngung innerhalb der Fruchtfolge, d. h., im Herbst auf die Stoppeln, auch weiterhin Vorrang haben. Kalium unterliegt auf den guten Böden nicht der Alterung und nur begrenzt der Auswaschung.

Die Gefahr der Verlagerung besteht dagegen auf leichten Böden und in Regionen mit hoher Niederschlagstätigkeit. Hier empfiehlt sich eine Frühjahrsdüngung. In trockenen Gebieten und auf Lehmböden haben sich aber auch zeitige Kaliumgaben im Frühjahr bzw. NPK-Volldüngergaben als positiv herausgestellt.

Magnesiumdüngung

Da leichte Böden häufig einen unzureichenden Versorgungsgrad aufweisen, sollte die Magnesiumdüngung grundsätzlich zu Kartoffeln erfolgen. Als Gabenhöhe der Magnesiumdüngung werden 40 bis 60 MgO/ha empfohlen.

Der Magnesiumbedarf kann während der Grunddüngung, zusammen mit der Schwefelgabe, mit Mg-haltigen Bodendüngern, wie etwa Kieserit (25 % MgO), Patentkali (10 % MgO) oder Kornkali (6 % MgO) abgesichert werden (Tab. 8-6). Auch Stickstoff- und Kalkdünger mit entsprechenden Mg-Gehalten haben sich bewährt. Bei ammoniumbetonter Stickstoffdüngung ist wegen des NH_4-Mg-Antagonismus eine ausreichende Mg-Versorgung besonders wichtig.

Die zeitliche Aufnahme des Magnesiums durch die Pflanze unterscheidet sich von anderen Nährstoffen dadurch, dass nach der Blüte noch über 40 % der Ge-

Tab. 8-6: Zusammensetzung wichtiger Magnesiumdünger

Produkt	MgO-Gehalt %	Bindungsform
ESTA Kieserit gran. mit S 20	25	Magnesiumsulfat-Monohydrat
ESTA Kieserit fein mit S 22	27	Magnesiumsulfat-Monohydrat
Bittersalz mit 13 % S	16	Magnesiumsulfat 7 H_2O
Kalkammonsalpeter	<4 %	Magnesiumcarbonat
Stickstoffmagnesia	8	Magnesiumsulfat-Monohydrat
Kohlensaurer Magnesiumkalk $CaCO_3 + MgCO_3$	20	Magnesiumcarbonat
Magnesium-Branntkalk CaO + MgO	35	Magnesiumoxid
Hüttenkalk CaO + MgO	7	Magnesiumsilikat

samtaufnahme erfolgen, während zum Zeitpunkt der Blüte die Phosphor- und Kaliaufnahme bereits zu über 70 % abgeschlossen ist.

Als reiner Mg-Dünger in Salzform steht Kieserit mit einem Gehalt von 27 % MgO und zusätzlich 22 % Schwefel zur Verfügung. Für die Blattdüngung eignet sich Bittersalz mit 16 % MgO und 13 % Schwefel. Mit diesem Dünger können beobachtete Mangelerscheinungen schnell beseitigt werden. Eine Blattdüngung kann eine Bodendüngung immer nur ergänzen, aber nicht ersetzen.

Darüber hinaus besteht auch die Möglichkeit, Magnesium mit N-Düngern und bei der Kalkung über Mg-haltige Kalke anzubringen.

Kalkdüngung

Der Kalk wird meistens als Bodendünger bezeichnet. Hierin besteht sicherlich auch seine Hauptaufgabe. Die Calciumgehalte der Mineralböden sind in der Regel ausreichend hoch und der Bedarf der Kartoffelpflanzen so gering, dass Calciummangel an Kartoffelpflanzen nur selten beobachtet wird (Tab. 8-7).

Bei (seltenem) Kalkmangel des Bodens (unter pH 4,0) reagieren Kartoffeln mit Wachstumshemmungen und Ertragsminderungen. Die Aufnahme von Kalium und Magnesium wird gehemmt und Phosphor und Molybdän verstärkt festgelegt. Die Verfügbarkeit von essenziellen Mikronährstoffen und Metall-Ionen kann steigen und toxische Auswirkungen haben.

Der Kalk im Boden neutralisiert die Bodensäuren, stabilisiert die Krümelstruktur und sollte in einem ertragsfähigen Boden den Sorptionskomplex (Tonminerale) zu 60 % belegen.

Für Ackerböden gelten optimale pH-Werte in Abhängigkeit von Humus- sowie Feinerdeanteil. So liegt der optimale-Wert für schwach lehmige Sande (6–12 %

Tab. 8-7: Zusammensetzung wichtiger Kalkdünger

Produkt	$CaCO_3$/CaO-Gehalt %	Herstellverfahren
Kalkstein und Dolomit	–	Brechen, Mahlen
Kohlensaurer Kalk $CaCO_3$, + $MgCO_3$	80–95	Brechen, Mahlen
Kohlensaurer Magnesiumkalk $CaCO_3$ + $MgCO_3$	80–95	Brechen, Mahlen
Branntkalk CaO + MgO	80–95	Brechen, Mahlen
Mischkalk CaO + MgO	70	Mischen von kohlensaurem Kalk und Branntkalk
Hüttenkalk CaO + MgO	47	
Thomaskalk® CaO + MgO + ‹10 % P_2O_5	45–50	Mahlen von P-haltiger Schlacke
Konverterkalk	45–50	Mahlen, Eigenzerfall

Ton) bei weniger als 4 % Humus zwischen 5,8 bis 6,5, für starke lehmige Sande (13–17 % Ton) bei weniger als 4 % Humus zwischen 6,1 und 6,8.

Im Allgemeinen empfehlen sich in der Gehaltsklasse C zur Erhaltungsdüngung für Kartoffeln auf leichten Sandstandorten Gaben von 2 bis 4 dt CaO/ha bzw. auf den besseren Böden 3 bis 5 dt CaO/ha. Eine Aufkalkung mit deutlich höheren Mengen sollte immer auf der Grundlage von Bodenuntersuchungen erfolgen.

Eine Einstellung des optimalen pH-Wertes sollte im Rahmen der Fruchtfolge, aber nicht direkt zur Kartoffel erfolgen.

Düngung mit Mikronährstoffen

Die Spurenelemente Bor, Kupfer, Mangan, Zink und Molybdän beeinflussen wichtige Stoffwechselvorgänge in der Kartoffelpflanze. Der Bedarf an Mikronährstoffen ist beim Aufbau des Blattapparates bis hin zur Blüte am höchsten. Die Versorgung sollte in dem Zeitraum abgesichert sein.

Da die Verfügbarkeit von Spurennährstoffen mit steigendem pH-Wert sinkt und die Kartoffel häufig auf Standorten mit niedrigeren pH-Werten zum Anbau gelangt, treten in Kartoffelbeständen nur selten Erscheinungen von Mikronährstoffmangel auf.

Grundsätzlich sind Standorte mit niedrigen Nährstoffgehalten über den Boden aufzudüngen. Eine Bodendüngung mit Mikroelementen ist auf jeden Fall dann notwendig, wenn nach einer Bodenuntersuchung die Gehaltsklasse A (hohe Düngebedürftigkeit) angezeigt wird. Bei einer derartigen

Abb. 8-3: Die Kartoffel hat ein vergleichsweise schwaches Wurzelsystem und erreicht nur selten eine Wurzeltiefe von über 60 cm. Wenn die Bedingungen nicht optimal sind, stößt die Nährstoffaufnahme über die Wurzel an ihre Grenzen. Aufgrund ihres ausgeprägten Blattapparates kann sie die benötigten Nährstoffe über das Laub effektiv aufnehmen. Blattdüngung kann in der Pflanzenernährung jedoch nur eine Ergänzung sein, im Wesentlichen für Spurenelemente. Die Nährstoffverfügbarkeit sollte insgesamt langfristig ausgerichtet sein (z. B. pH-Wert, Nährstoffverhältnisse und -vorräte im Boden).

Unterversorgung empfiehlt sich in jeder Kultur die jährliche Stickstoffdüngung mit Mikronährstoffzusatz.

Priorität hat das bewährte Zumischen von Einzelmikronährstoffdünger mit hohem Mangan- und ausgewogenem Boranteil, wie z. B. Excello-331. Die Düngung über den Boden mit Excello-Mikronährstoffdüngern stellt die Grundversorgung sicher. Auch unter ungünstigen Bodenverhältnissen bleiben diese Nährstoffe pflanzenverfügbar und werden nicht festgelegt. Aktuelle Versuche zeigen bei der Zumischung von z. B. 80 kg/ha Excello-331 bei der Unterfußdüngung eine leichte Ertragszunahme.

Weisen die Bodenanalysen in den Gehaltsklassen C und E einen mittleren und hohen Mikronährstoffgehalt aus, bieten Mehrnährstoffdünger oder auch Blattspritzungen eine bedarfsgerechte Versorgung für eine optimale Pflanzenentwicklung. Im Trend liegen NPK-, PK- oder N-Dünger mit dem Zusatz von Mikronährstoffen. Das bei Mehrnährstoffdüngern fehlende Mangan kann mit den ersten Phytophthorabehandlungen als Blattspritzung problemlos zugeführt werden.

Eine Blattspritzung kann selbst bei hohen Nährstoffgehalten im Boden notwendig werden und temporäre Wachstumsstörungen beseitigen. Dabei ist auf chelatisierte Nährstoffe zu achten, da derartige Produkte gut lösbar sind und sich problemlos mischen lassen. Die Anwendung solcher Mittel wird bereits im frühen Wachstumsstadium mit Beginn der Knollenausbildung bis zur Blüte und möglichst zweimal in Folge empfohlen. Besonders in Trockenjahren lässt sich so ein kurzfristiger Effekt erreichen.

Unterfußdüngung

Eine Möglichkeit zur Ertrags- und Rentabilitätssteigerung im Kartoffelanbau wird in der Unterfußdüngung gesehen. Ziel ist eine platzierte und konzentrierte Düngerablage in den Wurzelbereich der Knollen, um sowohl bessere Nährstoffeffekte als auch Düngereinsparungen und arbeitswirtschaftliche Vorteile zu erzielen.

Grundprinzip der Unterfußausbringung sind je Reihe ein oder zwei Schneidscheiben oder Zinkenschare, die höhenverstellbar sind und bis in einer Ablagetiefe

Abb. 8-4: Die Unterfußdüngung stellt bei Kartoffeln eine effiziente Ausbringmethode dar und hat auf vielen Standorten zu Ertrags- und Qualitätsverbesserungen geführt. Stabilisierte Dünger können die Wirkung absichern. Neben einer, aufgrund der begrenzten Durchwurzelungsleistung der Kartoffel, besonders vorteilhaften wurzelnahen Platzierung der Nährstoffe, wird dadurch die gleichmäßige Ausbildung von Seitentrieben angeregt. Mit der Unterfußdüngung können auch beim Einsatz organischer Dünger positive Effekte erzielt werden. Das Gärrest- oder Gülleband wird etwa 20 bis 25 cm tief unter den späteren Damm in den Boden eingebracht.

Tab. 8-8: Zusammensetzung der wichtigsten Mehrnährstoffdünger

Produkt	Zusammensetzung %				
	N	P_2O_5	K_2O	MgO	Bemerkung
NP-Dünger	20–26	15–25			40 % des N als Nitrat-N
Diammonphosphat	18	46			N als Ammonium-N
Monoammonphosphat	12	54			N als Ammonium-N
NK-Dünger	18–19		16–18	0–2	50 % als Nitrat-N
NPK-Dünger	6–24	4–16	7–12	0–4	40–85 %, wasserl. P
PK-Dünger		7–25	7–30	0–8	Thomaskali Phosphatkali Rhe-Ka-Phos-Patent-PK
PMg-Dünger		17–22		7	Novaphos
NPK-Dünger stabilisiert mit Ammoniumstabilisator	12–20	5–12	5–17	0–5	› 50 % Ammonium-N 40–85 % wasserl. P

von 12 cm unter der späteren Knollenlage arbeiten. Diese Tiefe wird über eine Stabwalze oder Tasträder gehalten. Der Dünger wird in definiertem Abstand entweder links und rechts als streifenförmiges Düngerband oder mittig und tiefer abgelegt. Das beidseitige Düngerband wird vorrangig auf leichten sandigen Böden mit Beregnung empfohlen, während auf mittleren und schweren lehmigen Standorten ohne Beregnung ein mittiges Düngerband bevorzugt werden sollte.

Mehrnährstoffdünger

Die zahlreich angebotenen Mehrnährstoffdünger haben einen relativ hohen Marktanteil (Tab. 8-8). Sie werden durch chemische Reaktionen hergestellt und sind nicht identisch zu Mischdüngern, die aus verschiedenen Basisdüngern zusammengestellt werden und sich beim Transport und Ausstreuen entmischen können.

9 Mechanische Pflege und Herbizideinsatz

Für eine ungestörte Ausbildung des Knollennestes benötigt die Kartoffelpflanze große und lockere Dämme, die entweder gleichzeitig mit der Pflanzung oder in nachfolgenden Arbeitsgängen geschaffen werden.

Vom Pflanzen bis zum Bestandsschluss vergehen etwa acht Wochen, in denen die Bestände von Unkräutern frei gehalten werden müssen und bis spätestens dahin der endgültige Damm gebildet sein sollte. Wüchsige Kartoffelbestände setzen Unkrautfreiheit voraus. Zudem verdienen Maßnahmen zur Unkrautbekämpfung Beachtung, um die vollmechanisierte Ernte ohne störende Spätverunkrautung abzusichern. Da die Kartoffel während der Jugendentwicklung Unkraut kaum unterdrücken kann, sind termingerechte Maßnahmen zur Bekämpfung einzuplanen. Erst nach Reihenschluss entfaltet diese Kultur genügend Konkurrenzkraft. Bis dahin sind Pflegemaßnahmen vielfach unerlässlich (Tabelle 9-1).

Im Anbau von Kartoffeln sichert die Unkrautkontrolle mit einer ausreichend hohen Bekämpfungsleistung regelmäßig ein Ertragspotenzial von etwa 40 % ab und ist somit eine elementare Maßnahme. Darüber hinaus ist der Einfluss auf die Erntequalität bedeutend.

Ein allgemein gültiges Pflegeverfahren für die Abfolge der einzelnen Arbeitsprozesse gibt es nicht. Aus den konkreten Boden- und Witterungsbedingungen, dem Unkrautdruck und dem Entwicklungsstand der Kartoffeln sind die wirkungsvollsten Pflegemaßnahmen abzuleiten.

Die klassische mechanische Pflege besteht aus den Arbeitsgängen: flaches Häufeln nach dem Pflanzen, Hacken, Häufeln und Striegeln, Schlusshäufeln. Diese Arbeitsfolge kann bei Einsatz von Herbiziden minimiert werden. Die extremste Einsparung von mechanischen Pflegegängen ergibt sich bei der endgültigen Dammformung direkt mit der Legemaschine.

Diese Aufgabe ist in engem Zusammenhang mit der Bodenbeschaffenheit und dem beabsichtigten Herbizideinsatz zu sehen. Obwohl die Unkrautbekämpfung zunehmend durch den gezielten Einsatz von Herbiziden erfolgt, enthalten dennoch bestimmte Anbaukonzepte des integrierten Kartoffelanbaus mechanische Verfahren zur Unkrautbekämpfung. Die Einführung bestimmter Anbaukonzepte, z. B. kontrollierter oder integrierter Kartoffelanbau, hat den mechanischen Verfahren zur Unkrautbekämpfung neuen Auftrieb gegeben. Gefördert wird zudem diese Art der Unkrautregulierung von einigen Bundesländern beim Anbau von Kartoffeln in Wasserschutzgebieten.

Abb. 9-1: Mechanische Pflege mit flexibel einsetzbaren Arbeitswerkzeugen

Mechanische Pflegemaßnahmen setzen Schlagkraft voraus, damit bei op-

Tab. 9-1: Einsatz mechanischer Pflegewerkzeuge im Kartoffelanbau

Gerät	Anwendungszeitpunkt (BBCH-Code)						Bemerkungen
	Pflanzbett-vorbereitung	Pflanzung	Keimung (01–09)	Auflaufen (11–15)	Blatt- und Stängelausbildung (21–25)	Längen-wachstum (31–33)	
Häufler	× bei der Damm-vorformung	× bei der Pflanzung	× Schlusshäufeln bei Einsatz von Vorauflaufher-biziden		× Einsatz je nach Notwen-digkeit	× Schlusshäufeln mit Damm-querschnitt >700 cm²	spätester Termin zum Schlusshäufeln bei 20–25 cm Staudenhöhe
Furchenlockerer (bis zu 15 cm Arbeits-tiefe der Werkzeuge)			×			×	nur bei stark verfestigter Furche, um lockeren Boden zum Dammaufbau zu schaffen
Striegel (mit Eignung für Einsatz in Kartof-feldämmen)			×		×		immer in Kombination mit Häufler oder Hacke, bei Pflanzkartoffeln nur bis zum Auflaufen
Hacke (bevorzugte Ausrüstung mit Gänsefuß- oder Mei-ßelschar)					×		nur bei Wurzelunkräutern
Reihenfräse, Ausrüstung mit Dammformblech			× gesondertes Schlusshäufeln kann entfallen				Einsatz auf Böden mit Nei-gung zur Klutenbildung

Abb. 9-2: Einsatzmöglichkeiten der K.U.L.T Argus-Hacke mit verschiedenen Anbaugeräten

timal abgetrocknetem Boden keimendes bzw. aufgelaufenes Unkraut rechtzeitig beseitigt werden kann. Mehrmaliges Bearbeiten (etwa dreimal) der Kartoffeldämme ist meist erforderlich (Abb. 9-1).

In ökologisch wirtschaftenden Betrieben besteht bei Verzicht auf Herbizide die Notwendigkeit zu mechanischen Verfahren der Unkrautbekämpfung. Dafür werden zunehmend Geräte angeboten, die teilweise auch mit Zusatzausrüstungen zur automatischen Spurführung ausgestattet sind (Abb. 9-2).

Je nach Arbeitsbedingungen unterscheiden sich die verschiedenen Werkzeuge zum Dammaufbau (Tab. 9-2).

Für Pflegearbeiten sollten nur Traktoren mit Pflegereifen bis 11 Zoll Reifenbreite zum Einsatz kommen. Dadurch werden Dammflankenverdichtungen weitgehend vermindert. Richtig ist es, die Dämme anfangs flach zu halten, was das Erwärmen und damit den Aufgang der Kartoffeln fördert. Flache Dämme werden durch geringe Arbeitstiefe der Zudeckelemente beim Legen, durch Abstriegeln, aber auch durch geringe Arbeitstiefe der Häufler bei breitgestellten Häufelflügeln erzielt.

Der Einsatz mechanischer Pflegegeräte nach dem Auflaufen, besonders mit dem Striegel, begünstigt die Verbreitung mechanisch übertragbarer Viruskrankheiten und sollte unterbleiben.

Auf leichten bis mittleren Böden reicht der Einsatz von Geräten mit passiv arbeitenden Werkzeugen aus. Die Pflege mit Fräshäuflern, auch in Kombination mit Dammformern, ist wesentlich teurer. Ihr Einsatz ist besonders auf schweren, stark zur Klutenbildung neigenden Standorten sinnvoll.

Tab. 9-2: Einsatzbereiche und Bewertung von Häufelwerkzeugen (Quelle: Scholz, 1991)

Kriterium	Flach-häufler	Steilhäufler mit Flachschar	Steilhäufler mit Steilschar	Scheiben-häufler	Reihenfräsen Fräs-hacken	Reihenfräsen Fräs-zinken	Damm-former
Tiefenführung	+++	++−	+−−	++−	++−	++−	++−
Fahrgeschwin-digkeit	+++	+−−	+−−	++−	−−−	−−−	++−
Dammform	++−	++−	+++	++−	+++	+++	+++
Krümelung	++−	+−−	++−	++−	+++	+++	++−
Kluten	+−−	++−	−−−	+−−	+++	+++	++−
Furchenlocke-rung	+−−	+−−	+++	+−−	++−	+−−	+−−
Dammfuß-pressung	+−−	+−−	+++	−−−	−−−	−−−	++−
Steineignung	+−−	+−−	+++	+++	−−−	++−	+++
leichter Boden	+++	+−−	+++	+−−	−−−	−−−	+++
schwerer Boden	+−−	+−−	−−−	++−	+++	+++	++−
Beurteilung:	von + nach − abnehmende Eignung, Fahrgeschwindigkeit, Wirkung etc.						

Seit Jahrzehnten kommen immer noch Häufler-Netzeggen-Kombinationen zum Einsatz. Neuere Geräte, wie z. B. das Sternhackgerät oder Dammformgerät mit Winkelscharen, bringen vielfach eine erhöhte Wirksamkeit. Bezüglich der Kostenbelastung ergeben sich nur geringe Unterschiede im Vergleich zum Vorgehen mit **Herbiziden**. Die zeitliche Belastung ist jedoch in der Regel höher anzusetzen. Hinzu kommt, dass durch die Restverunkrautung Mindererträge und Störungen der vollmechanisierten Ernte möglich sind.

Aus Effektivitäts- und Kostengründen hat sich die Kombination von mechanischer Pflege und chemischer Unkrautbekämpfung und zunehmend der alleinige Herbizideinsatz im Kartoffelanbau durchgesetzt.

Die Unkräuter werden am sichersten im Zeitraum zwischen Keimung und Keimblattstadium vernichtet.

Leitunkräuter auf sandigen und leichten Kartoffelböden sind beispielsweise Weißer Gänsefuß, Melde, Knötericharten, Ackerstiefmütterchen, Hohlzahn, Franzosenkraut, Wicke, Schwarzer Nachtschatten, Kornblume und Hederich. Auf lehmigen Standorten ist verstärkt mit Vogelmiere, Kamille und Bingelkraut zu rechnen. Mit ansteigender Tendenz trat in den letzten Jahren auch in Kartoffeln Klettenlabkraut auf. Besondere Probleme bereitet vielfach auch die Distel.

Neben den Unkräutern können sich Schadgräser, wie Quecke, Hühnerhirse, Ackerfuchsschwanz, Einjährige Rispe und Flughafer, stark ausbreiten.

Grenzen der Wirksamkeit mechanischer Maßnahmen zeigen sich bei extremer Frühjahrstrockenheit, weil das Unkraut dann erst später aufläuft. Auch auf übernässten Böden können sich durch Fahrschäden und erneutes Anwachsen der Unkrautpflanzen schnell Grenzen aufzeigen. Weiter werden bestimmte Problemunkräuter, wie z. B. Klettenlabkraut, Windenknöterich und Hühnerhirse, häufig nur unzureichend erfasst. Insbesondere auf der Dammkrone ist immer eine Restverunkrautung einzukalkulieren, weil hier mechanische Verfahren nur unzureichend ansetzen.

Zum Zeitpunkt des Herbizideinsatzes unterscheidet man bei Kartoffeln drei mögliche Anwendungstermine:

- Vorauflauf (VA),
- kurz vor dem Auflaufen der Kultur (KvA),
- Nachauflauf (NA) bis zu einer Wuchshöhe von 15 cm der Kartoffel (wegen der besseren Wirkung möglichst im Keimblattstadium der Unkräuter (NAK))

Beim Einsatz von Vorauflaufherbiziden gilt es bestimmte Anwendungsregeln zu beachten, damit sich der gewünschte Erfolg einstellt. Dazu zählen:

- Herbizide nach Leitunkräutern auswählen und Bodenart beachten,
- Herbizide möglichst auf feuchten Boden sowie auf abgesetzte Dämme ausbringen,
- keine Bodenbearbeitung mehr nach der Spritzung vornehmen.

Abb. 9-3: Die Basis für eine erfolgreiche chemische Unkrautbekämpfung ist das Vorauflaufverfahren mit einem am Unkrautspektrum des Standorts ausgerichteten Einsatz eines Breitbandherbizides oder einer Tankmischung mit bodenwirksamen Präparaten in der richtigen Aufwandmenge.

Die Mittelpalette ist in Abhängigkeiten vom Zulassungsstand der jeweiligen Herbizide jährlichen Änderungen unterworfen. Die nachfolgenden Aussagen zu Mittelwirkungen gelten daher nur bedingt für einen längeren Zeitraum.

Eine ansprechende Breiten- und auch Dauerwirkung auf samenbürtige Unkräuter haben z. B. Bandur, Centium, Metrix, Mistral, Proman und Sencor Liquid. Bei diesen Herbiziden kommt es darauf an, die Aufwandmenge nach Bodenart und Reifegruppe zu bemessen. Dies ermöglicht kostengünstiges Vorgehen. Geringfügige Wirkungslücken sind bei fast allen Präparaten vorhanden. So hat z. B. Sencor Liquid eine Wirkungsschwäche gegen Klettenlabkraut und Quecke, Bandur gegen Schwarzen Nachtschatten. Weiter ist anzumerken, dass es bei Sencor WG die Sortenverträglichkeit zu beachten gilt.

Proman kann noch beim Durchstoßen der Stauden zum Einsatz gelangen. Gleiches gilt auch für Sencor Liquid. Dagegen müssen die Mittel Arcade und Bandur unbedingt im Vorauflauverfahren ausgebracht werden, ansonsten ist mit Schäden an der Kartoffel zu rechnen.

Zur Erfassung einer breiten Mischverunkrautung einschließlich Klettenlabkraut haben sich deshalb Tankmischungen durchgesetzt.

In Kartoffeln bestehen Möglichkeiten, Unkräuter und Schadgräser im Nachauflaufverfahren zu bekämpfen. Dadurch ist gezieltes Vorgehen möglich. Geringfügige Blattschäden können die Mittel zu diesem Einsatztermin bei extremen Wetterverhältnissen hervorrufen, dieses ist jedoch kaum ertragsrelevant.

Beim Anbau von Kartoffeln zur industriellen Verarbeitung gilt es, diese Möglichkeiten zu nutzen. Für Nachspritzungen gegen breitblättrige Unkräuter stehen z. B. Sencor Liquid und Cato zur Verfügung. Während Sencor Liquid insbesondere gegen den Weißen Gänsefuß und Kamille wirksam ist, hat Cato einen Wirkungsschwerpunkt gegen Amaranth, Kamille, Vogelmiere und Hühnerhirse. In krautwüchsigen Sorten führt der Einsatz dieser selektiven Herbizide zu guten Erfolgen, da die Kartoffel einen Wachstumsvorsprung erhält.

Zur Bekämpfung von Schadgräsern stehen in Kartoffeln wirkungsstarke Nachauflaufmittel zur Verfügung. Ungräser, wie Hühnerhirse, Ackerfuchsschwanz, Flughafer, Weidelgras oder Quecke, können also gezielt bekämpft werden. Zugelassen gegen Hühnerhirse, Ackerfuchsschwanz und Flughafer sind z. B. Fusilade Max und Agil. Bei Auftreten von Quecke und Weidelgras ist der optimale Einsatztermin erreicht, wenn diese Schadgräser eine Wuchshöhe von etwa 15 cm erlangt haben.

10 Bewässerung

Als Grundvoraussetzung für sichere Erträge und gute Qualitäten benötigen wachsende Kartoffelbestände eine ausreichende Wasserversorgung über die gesamte Wachstumszeit.

Eine essenzielle Möglichkeit zur Absicherung dieses Bedarfes ist bei Wassermangel im Boden die Bereitstellung von Zusatzwasser durch Beregnung. Die Feldberegnung ist eine Maßnahme, die neben der Sicherung ungestörten Wachstums aus unterschiedlichen Gründen eingesetzt wird:

- Ausgleich auftretender Wasserdefizite in der Vegetationszeit mit dem Ziel einer Ertrags- und Qualitätssicherung,
- Frostschutzberegnung insbesondere im Frühkartoffelanbau,
- Schadensausgleich bei Grundwasserabsenkung,
- Abwasserverregnung.

Über 90 % aller Beregnungsflächen werden jedoch wegen eines Wasserdefizites in der Vegetationszeit beregnet. Der notwendige Wasserbedarf ergibt sich aufgrund der Beregnungsbedürftigkeit einer Fläche und der Beregnungswürdigkeit der angebauten Kultur.

Bei Wassermangel können folgende Effekte eintreten:

- allgemein Einschränkung der Trockenmassebildung,
- verringerte Knollenanzahl,
- verringertes Knollenwachstum,
- verringerte Stärkeeinlagerung in die Knollen,
- erhöhter Befall mit Schorf,
- Missbildungen an den Knollen,
- ungleichmäßige physiologische Reife.

Demgegenüber bewirkt Bewässerung im Kartoffelanbau eine Absicherung hoher Erträge und guter Qualitäten und damit guter Vermarktungsbedingungen auch in Trockenjahren.

Die Vorteile der Bewässerung sind daher:

- Ertragssicherung und -steigerung,
- Absicherung hoher Stärkegehalte,
- erwünschte Größensortierung,
- geringerer Schorfbefall,
- höhere Anteile einwandfreier Marktware,
- bessere Lagerfähigkeit.

Eine **ordnungsgemäße Feldberegnung** ist darauf ausgerichtet, Zusatzwassergaben so zu verabreichen, dass Verdunstungen, Abdrift und Versickerung auf ein Minimum reduziert werden. Verdunstung und Abdrift lassen sich nur wirksam durch eine ausschließliche Nachtberegnung mit i. d. R. niedrigeren Temperaturen, fehlender Sonneneinstrahlung und wenig Wind in Verbindung mit einer

Abb. 10-1: Eine kontinuierliche Wasserversorgung ist für die Ertragsbildung von großer Bedeutung. Die Kartoffel benötigt vor allem vom Beginn der Knollenanlage bis zur Blüte viel Wasser. Sobald in dieser Zeit die nutzbare Feldkapazität auf 50 % sinkt, sollten Früh- und Speisekartoffeln mit 20 bis 25 mm beregnet werden. Spätere Reifegruppen haben eine längere Vegetationszeit mit einer langsameren Entwicklung. Der Einstieg in die Beregnung ist für den Betrieb jedoch nur dann sinnvoll, wenn seine Kartoffelfläche groß genug ist und/oder die Fruchtfolge aus weiteren beregnungswürdigen Kulturen (z. B. Gemüse, Braugerste) besteht.

bodennahen und gleichmäßigen Wasserverteilung minimieren. In der Praxis ist die alleinige Nachtberegnung aber aus Kapazitätsgründen der Beregnungsanlagen oft nicht möglich bzw. praktikabel.

Der Versickerung lässt sich dadurch vorbeugen, dass die Beregnung frühestens bei einer nutzbaren Feldkapazität von 50 % einsetzt und ein Feuchtegehalt des Bodens von 80 % der nutzbaren Feldkapazität nicht überschritten wird. Ausschließen lässt sich eine Versickerung von Wasser und Nährstoffen während der Vegetationsperiode jedoch nicht vollständig, da das geringe Wasserspeichervermögen der beregnungsbedürftigen Sandstandorte grundsätzlich auch eine höhere Austragsgefährdung bedeutet.

Bei guter Wasserversorgung wird sowohl das Nährstoffaneignungsvermögen der Pflanzen als auch die Nährstoffverfügbarkeit aus dem Boden verbessert. Durch einen ausreichend hohen Feuchtegehalt im Boden wird einerseits durch höhere Mineralisation mehr bodenbürtiger Stickstoff bereitgestellt, andererseits wird der gedüngte Stickstoff in höherer Rate als bei Wasserknappheit von den Pflanzen aufgenommen. Die höhere Nährstoffaufnahme auf beregneten Flächen führt dazu, dass dem Boden durch höhere Erträge auch größere Nährstoffmengen entzogen werden. Damit ist die Nährstoffbilanz (Nährstoffzufuhr minus Nährstoffabfuhr) auf beregneten Flächen vor allem in Trockenjahren deutlich ausgeglichener.

Durch einen ausreichend hohen Feuchtegehalt im Boden wird einerseits durch höhere Mineralisation mehr bodenbürtiger Stickstoff bereitgestellt, andererseits wird der gedüngte Stickstoff in höherer Rate von den Pflanzen aufgenommen als bei Wasserknappheit.

Unter **Beregnungsbedürftigkeit** sind die natürlichen Standortgegebenheiten zusammengefasst. Dies sind das Klima mit Temperatur, Niederschlagsmenge und Niederschlagsverteilung während der Vegetationsperiode sowie der Boden mit seiner Speicherfähigkeit für Niederschläge.

Wichtige Fachbegriffe zur Bodenwasserspeicherung sind:

- **Feldkapazität (FK):** Wassermenge die entgegen der Schwerkraft im Boden festgehalten und gespeichert werden kann.
- **Permanenter Welkepunkt (PWP), Adsorptionswasser, Totwassergehalt:** Wassermenge, die nicht für die Pflanzen verfügbar ist, weil sie in Feinporen zu fest gebunden wird.
- **nutzbare Feldkapazität (nFK):** Wassermenge, die von den Pflanzenwurzeln aufgenommen werden kann. Sie ergibt sich aus der Feldkapazität abzüglich des permanenten Welkepunktes. Speicherort sind die Mittelporen (Abb. 10-2).
- **Sickerwasser (SW):** Wassermenge, die nicht im Boden festgehalten wird und in den Grobporen nach unten versickert.

Die genannten Größen werden in Volumen% für einen Bodenhorizont von 10 cm Tiefe angegeben.

1 Vol.% = 1 mm = 1 l/m²

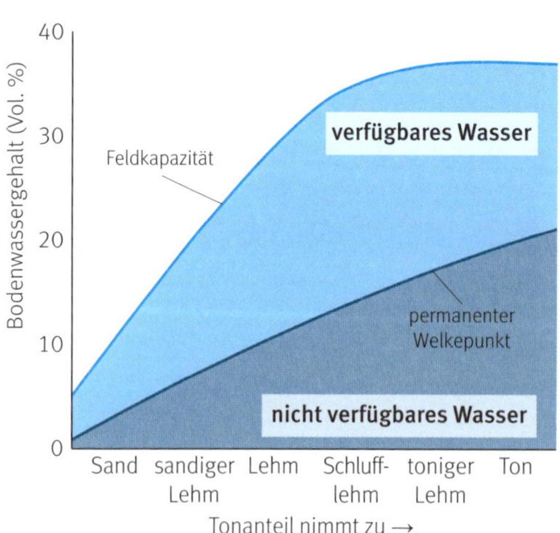

Abb. 10-2: Darstellung der nutzbaren Feldkapazität als Differenz zwischen Feldkapazität und nicht pflanzenverfügbaren Wassers

Die nutzbare Feldkapazität ist besonders während der Hauptvegetationszeit von Bedeutung. Sie ist in den Sommermonaten auch bei durchschnittlichen Niederschlägen wegen der hohen Verdunstung rückläufig. Dieser Zusammenhang wird an einem exemplarischen Beispiel über die klimatische Wasserbilanz gut sichtbar (Abb. 10-2). Die regionalen Unterschiede in Deutschland sind besonders wegen der ungleichmäßig verteilten Niederschläge sehr auffällig (Abb. 10-3).

Die für den Kartoffelanbau häufig bevorzugten leichten, sandigen Böden weisen nur eine geringe

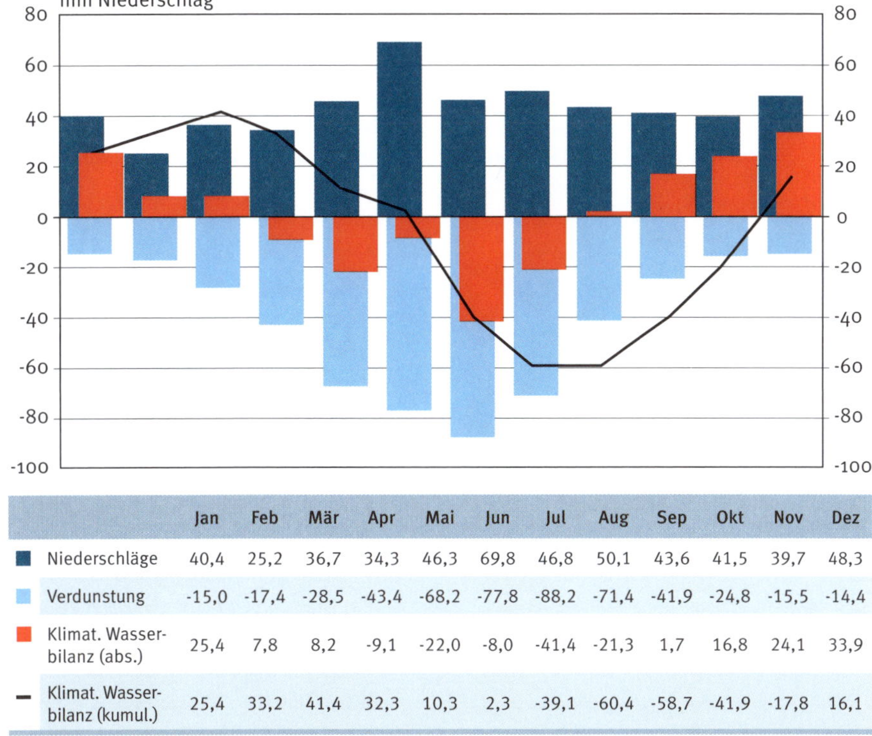

	Jan	Feb	Mär	Apr	Mai	Jun	Jul	Aug	Sep	Okt	Nov	Dez
Niederschläge	40,4	25,2	36,7	34,3	46,3	69,8	46,8	50,1	43,6	41,5	39,7	48,3
Verdunstung	-15,0	-17,4	-28,5	-43,4	-68,2	-77,8	-88,2	-71,4	-41,9	-24,8	-15,5	-14,4
Klimat. Wasserbilanz (abs.)	25,4	7,8	8,2	-9,1	-22,0	-8,0	-41,4	-21,3	1,7	16,8	24,1	33,9
Klimat. Wasserbilanz (kumul.)	25,4	33,2	41,4	32,3	10,3	2,3	-39,1	-60,4	-58,7	-41,9	-17,8	16,1

Abb. 10-3: Niederschläge, Verdunstung und klimatische Wasserbilanz von 1991 bis 1999 in Gülzow

Wasserspeicherfähigkeit auf. Lehmige und schluffige Böden mit einer wesentlich höheren nutzbaren Feldkapazität (nFK) bieten eine bessere Wasserversorgung. Das eher flach ausgebildete Wurzelsystem der Kartoffel kann das Bodenwasser jedoch nicht so weitreichend erschließen wie Kulturen mit tiefgründigen Wurzeln, wie z. B. Zuckerrüben oder Roggen. Die Hauptwurzelmasse von Kartoffeln befindet sich in einer Tiefe von bis zu 40 cm. Maximal kann der Bodenwasserspeicher nur bis etwa 60 cm Tiefe genutzt werden (Tab. 10-1). Bei Sandböden kommt erschwerend noch eine geringe Wasserleitfähigkeit und Kapillarität bei Trockenheit hinzu.

Um einen leichten Sandboden von 50 % auf 80 % seiner nutzbaren Feldkapazität aufzufüllen, bedarf es nur einer Regenmenge von 20 mm, während auf einem besseren Standort 30 mm und mehr nötig sind. Diesem Tatbestand ist im praktischen Beregnungseinsatz unbedingt Rechnung zu tragen, um Sickerwasserbildung während der Vegetationsperiode und damit Nährstoffausträge durch Feldberegnung zu vermeiden.

Die Höhe der einzelnen Beregnungsgabe muss daher in erster Linie nach der Bodenart und nach der Durchwurzelungstiefe der jeweiligen Kultur bemessen werden.

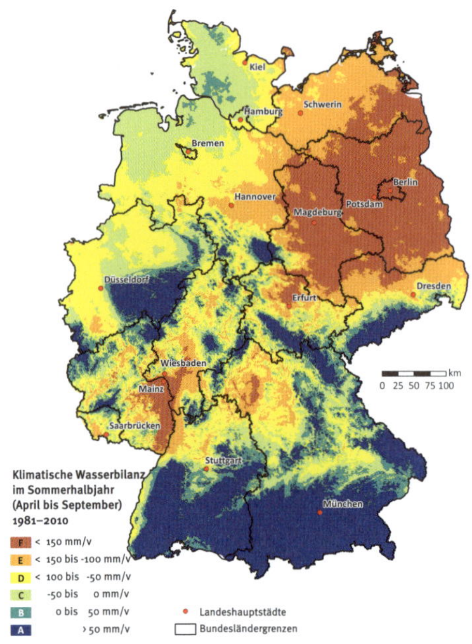

Abb. 10-4: Klimatische Wasserbilanz im Sommerhalbjahr (April bis September) im Zeitraum 1981 bis 2010

Tab. 10-1: Einfluss der Bodenart auf die Wasserspeicherung und die Höhe der Beregnungsgabe in Kartoffeln

Bodenart	**S**	**...**	**lS**	**...**	**sL**
Bodenwertzahl	20	25	30	35	40
nutzbare Wasserspeicherkapazität in 60 cm Wurzelraum **nFK in mm**	60	70	80	10	100
max. Speichervermögen **bei 50 % nFK in mm**	30	35	40	45	50
notwendige Beregnungsgabe zur Auffüllung auf **ca. 80 % nFK in mm**	20	23	26	28	30

Organische Substanz wirkt sich positiv auf die nutzbare Feldkapazität aus. Sehr humusreiche Böden weisen daher hohe verfügbare Wassermengen auf. Eine gute Bodenstruktur unterstützt die Wassernachlieferung aus dem Boden. Starke Bodenverdichtungen führen zu einer verringerten Durchwurzelung des Bodens und mindern die nutzbare Feldkapazität.

Bei unzureichender Wasserversorgung aus dem Boden schränkt die Pflanze die Verdunstung ein. Dies geschieht durch Schließen der Spaltöffnungen an der Unterseite der Blätter. Durch den reduzierten Wasserfluss werden weniger Nährstoffe aus dem Boden aufgenommen, was wiederum zu einer verringerten Photosyntheseleistung und damit zu einer schlechteren Entwicklung des Blattapparates der Pflanzen führt. Bei Kartoffeln kommt es in der Folge zu einer verringerten Anlage von Knollen, im späteren Wachstumsverlauf auch zur Rückbildung bereits angesetzter Knollenanlagen. Aufgrund der verringerten Verdunstung kann die Temperatur der Blattoberfläche so hoch ansteigen, dass es zu Hitzeschäden an der Pflanze kommt. Eine zu starke Erwärmung der Dämme durch Sonneneinstrahlung bei geringer Bedeckung durch das Kraut kann zusätzlich Hitzeschäden an den Knollen bewirken.

Ist das Wasserangebot durch Niederschläge nach längeren Trockenperioden wieder ausreichend, kann dies zu einem erneuten Knollenansatz (Zwiewuchs) und Wachstumsanomalien der Knollen (z. B. Kindelbildung, Wachstumsrisse) führen. Dadurch wird sowohl die äußere als auch die innere Qualität der Knollen beeinträchtigt und die Lagerfähigkeit verschlechtert.

Die Beregnungswürdigkeit einer Kultur auf einem bestimmten Standort ergibt sich aus der ökonomischen Betrachtung mit und ohne Beregnung. Dafür sind in erster Linie die Höhe der Ertragsdifferenzen und die Qualitätsunterschiede der Ernteprodukte mit und ohne Beregnung maßgebend.

Die **Kosten der Beregnung** teilen sich auf in die Festkosten der Anlage und in die variablen Kosten. Die Festkosten sind investitionsabhängig und in jedem Jahr zu berücksichtigen, auch wenn in einem Jahr nicht beregnet wurde. Der Investitionsaufwand für eine komplette Beregnungsanlage – bestehend aus Brunnen, Pumpe, Erdleitungen, Hydranten und Beregnungsmaschine – liegt je Hektar meistens zwischen 2000 und 3000 Euro. Daraus ergeben sich jährliche Festkosten von 200 bis 300 Euro je Hektar. Die variablen Kosten sind verbrauchsabhängig und setzen sich aus den Energie-, den Reparatur- und den Arbeitserledigungskosten sowie dem Wasserentnahmeentgelt (wird nicht in allen Bundesländern erhoben) zusammen. Sie liegen zwischen 1,50 und 2,00 Euro je mm. Bei Kreisberegnungsanlagen liegen die Kosten aufgrund des deutlich niedrigeren Energiebedarfs und der günstigen Arbeitserledigungskosten deutlich darunter.

Damit eine Beregnungsanlage rentabel ist, müssen die gesamten festen und variablen Kosten für Beschaffung und Betrieb der Anlage sowie weitere Kosten, wie z. B. der Ausgleich für höhere Nährstoffentzüge durch die Mehrerträge bzw. Mehrerlöse, mindestens ausgeglichen werden. Weil Investitionen in eine Beregnungsanlage immer langfristig sind, ist für die Abschätzung der Wirtschaftlichkeit nicht ein einzelnes Trockenjahr entscheidend, sondern ein mehrjähriger Durchschnitt.

Aus der Tabelle 10-2 **Wirtschaftlichkeit** der Beregnung wird deutlich, dass die variable beregnungskostenfreie Leistung bei Speisekartoffeln, d. h. der Mehrerlös abzüglich der variablen Beregnungskosten, im zehnjährigen Mittel bei einem Erlös von 11 €/dt etwa 1800 €/ha betrug.

Damit ist die Kartoffel mit weitem Abstand die beregnungswürdigste Kultur unter den in den Beregnungsversuchen angebauten Kulturen. Auch unter Berücksichtigung der Festkosten der Beregnungsanlage leistet die Kartoffel einen hohen positiven Beitrag zum Betriebsergebnis. Unter Berücksichtigung der Gesamtkosten der Beregnung rechnete sich die Beregnung weiterhin bei Wintergerste und bei Winterweizen. Bei Zuckerrüben, Winterraps und Silomais kam im vorliegenden Fall ein negatives Ergebnis heraus.

Kann die Beregnungsanlage kostengünstiger als oben angenommen erstellt werden, so sinken die notwendigen Mehrerträge zur Deckung der Kosten ab. Dies kann z. B. der Fall sein, wenn aufgrund eines hohen Grundwasserstandes auf teure Unterwasserpumpen verzichtet werden kann oder anstelle der komfortableren Erdleitung mit festen Hydranten und mit fliegenden Leitungen gearbeitet wird.

Der **Zusatzwasserbedarf** eines Pflanzenbestandes kann indirekt durch Messung oder durch Berechnung des Bodenwassergehaltes bestimmt werden. Die

Tab. 10-2: Wirtschaftlichkeit der Beregnung, Mittelwerte aus Beregnungsversuchen (2006–2015), Versuchsstandort: Hamerstorf

	Speise-kartoffeln	Winterweizen	Wintergerste	Silomais (Biogas)	Zuckerrübe (2009–2015)	Winterraps (2008–2014)	Fruchtfolge
Ertrag dt/ha beregnet ab 50 % nFK	751	85	87	215	872	48	
unberegnet	594	59	65	190	743	45	
Ertragsdifferenz dt/ha	157	26	22	25	129	3	
Erlöse €/ha[1] beregnet ab 50 % nFK	8261 €	1530 €	1436 €	2150 €	3401 €	1680 €	
unberegnet	5940 €	1062 €	1073 €	1900 €	2972 €	1562 €	
zusätzliche Kosten (Düngung, Masch.Kosten)	170 €	30 €	25 €	0 €	120 €	0 €	
Erlösdifferenz €/ha	2151 €	438 €	338 €	250 €	309	119 €	
Beregnungsmenge mm	129	135	99	83	127	67	107
*1,70 €/mm variable Kosten (Strom)	219 €	230 €	168 €	141 €	216 €	114 €	
variable Beregnungskosten freie Leistung €/ha	**1932 €**	**209 €**	**170 €**	**109 €**	**93 €**	**5 €**	**420 €**
Beregnungskosten freie Leistung €/ha[2]	**1782 €**	**59 €**	**20 €**	**-41 €**	**-57 €**	**-145 €**	**270 €**

[1] *Unterstellt sind folgende Preise: 11,-/10,- €/dt Speisekartoffeln (beregnet/unberegnet); 18,00 €/dt Weizen; 16,50 €/dt Futtergerste; 10,- €/dt TM Silomais (ab Feld); 3,90/4,- €/dt Zuckerrüben (beregnet/unberegnet); 35,-/34,70 €/dt Winterraps (beregnet/unberegnet);*

[2] *unter Einbeziehung der Gesamtkosten: Festkosten angenommen mit 150 €/ha*

aktuell zur Verfügung stehende pflanzennutzbare Wassermenge wird häufig in % nFK angegeben. Sie entspricht dem vorhandenen Anteil an der insgesamt für die Pflanzen verfügbaren Wassermenge. Dieser Wert kann auch als Saugspannung in hPa oder mbar angegeben werden. Für Kartoffeln ist eine Saugspannung von 350 bis maximal 500 hPa anzustreben. Dies entspricht etwa 50 bis 35 % nFK. Dieser Grenzwert ändert sich im Verlauf der Vegetationsentwicklung, weil die Reaktion der Pflanzen auf Trockenstress hinsichtlich des Ertrages und der Qualitätsparameter in den Entwicklungsabschnitten unterschiedlich ist. Wenn der jeweilige Grenzwert erreicht ist, sollte beregnet werden.

Die **Feldbewässerungsverfahren** lassen sich in vier Gruppen aufteilen: Mikrobewässerung, stationäre Beregnungsmaschinen, Reihenregner, mobile Beregnungsmaschinen (Tab. 10-3, Abb. 10-5).

Tab. 10-3: Kenngrößen und Einsatzbereiche von Bewässerungsverfahren (Quelle: nach FAL, 1995)

Bewässerungsverfahren	Kenngrößen	Einsatzbereich
Mikrobewässerung Tropfbewässerung, Sprühbewässerung, Kleinregner	• kapitalintensiv • arbeitsintensiv • begrenzte Wasservorräte • technisches Verständnis	• kleinstrukturierte Betriebe, vorwiegend Dauerkulturen im Gartenbau
Reihenregner Rohr-Schlauch-, Schlauch-, Rohrregner	• kapitalarm • arbeitsintensiv • genügend Wasservorräte • einfache Handhabung	• Kleinbetriebe • Gartenbau (Frostschutzberegnung)
stationäre Beregnungsmaschinen Kreis-, Linearregner, Gießwagen	• mittlerer Kapitalbedarf • arbeitsintensiv • genügend Wasservorräte • großflächige Feldstruktur • einheitliche Kultur	• große Feldschläge in der Landwirtschaft • Neulandgewinnung • industrieller Gartenbau
mobile Beregnungsmaschinen selbstfahrende Maschinen, Rohrtrommel-, Seilzugmaschine	• mittlerer Kapitalbedarf • arbeitsintensiv • genügend Wasservorräte • technisches Know-how	• traditionelle Agrarstruktur • mittlere Betriebsgröße • Feldgemüsebau

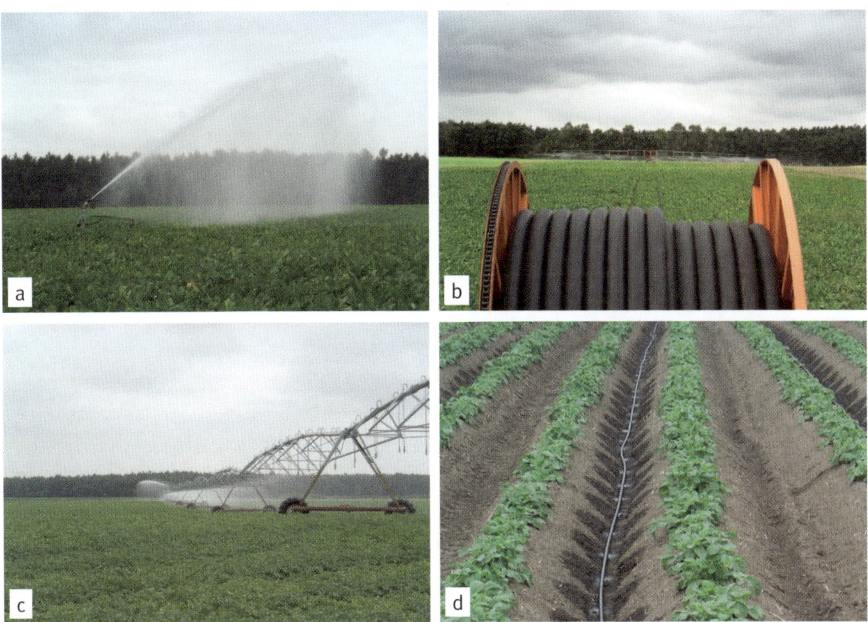

Abb. 10-5: Zur Verfügung stehende Verfahren zur Wasserverteilung – (a) Beregnungsmaschine, (b) Düsenwagen, (c) Kreis- oder Linearberegnungsmaschine, (d) Tropfbewässerung

Tab. 10-4: Vergleich von Beregnungsverfahren (Quelle: verändert nach Sourell, 1995)

Beregnungsverfahren	Wasserbedarf m^3/ha/a	Energiebedarf kWh/ha/a	Kapitalbedarf EUR/ha	Arbeitszeitbedarf h/ha/a	Flächenleistung ha
mobile Beregnungsmaschine					
mit Regner	1200	804	750–500	1,6	8 – 45
mit Düsenwagen	900	396	900–750	2,4	8–45
halbstationäre Beregnungsmaschine					
Kreisberegnung	900	393	1150–650	0,3	40–135
Linearberegnung	900	393	1150–650	0,8	40–135
Reihenregner					
Rohranlage beweglich	1200	648	250	8,0	2–10
Rohranlage verbessert	900	410	330	10,6	2–10

Diese Verfahren lassen sich hinsichtlich Wasserbedarf, Energiebedarf, Kapitalbedarf, Arbeitszeitbedarf und Flächenleistung wie folgt charakterisieren (Tab. 10-4).

Den Einfluss der Beregnung auf die Ertragsbildung zeigt eine Versuchsreihe des Fachverbandes Feldberegnung in Niedersachsen am Beispiel der Kartoffel. Bei gleicher Düngung wurden in der beregneten Variante im Durchschnitt von 14 Jahren 152 dt/ha bzw. 30 % mehr Kartoffeln geerntet als auf der unberegneten Fläche (Abb. 10-6).

Nicht nur der Knollenertrag fiel mit Beregnung deutlich höher aus, sondern auch der Stärkegehalt wurde im Mittel der Jahre um ca. 2 % gegenüber der unberegneten Variante angehoben. Diese Effekte waren umso stärker ausgeprägt, je extremer der Wassermangel in der Hauptvegetationszeit auftrat.

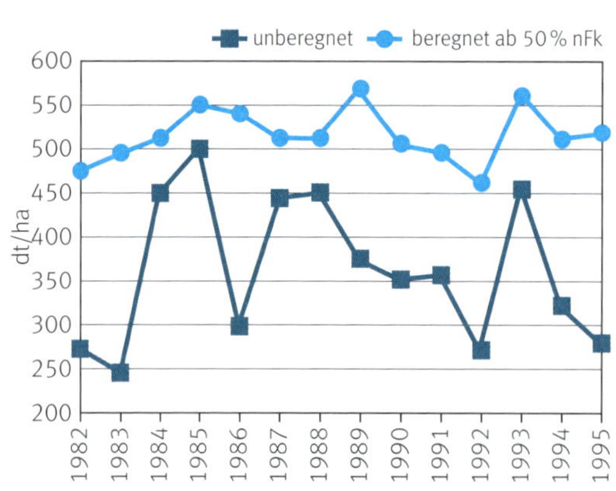

Abb. 10-6: Einfluss der Beregnung auf Höhe und Stabilität des Kartoffelertrages (Quelle: Fricke, 1999)

Neben dem insgesamt höheren Ertragsniveau mit Beregnung spielten die Ertragsschwankungen in den Einzeljahren eine entscheidende Rolle. Mit Beregnung fielen die Schwankungen in den einzelnen Jahren deutlich geringer aus. Während in der beregneten Variante zwischen 460 und 560 dt/ha geerntet wurden, reich-

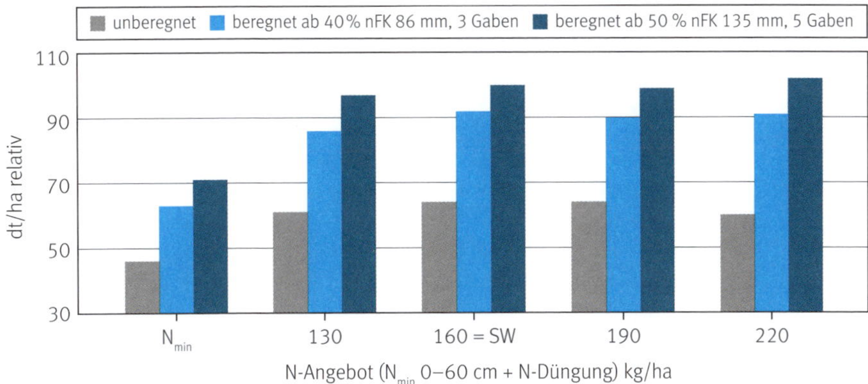

Abb. 10-7: Stärkeerträge von Kartoffeln bei unterschiedlichem N-Angebot und unterschiedlicher Beregnungsmenge, Pilotprojekt Stadensen, Mittel 1995–1997 (SW beregnet ab 50 % nFK = 100 %, absolut = 102 dt Stärke; Sorte = Producent)

ten die Ertragsschwankungen in der unberegneten von 250 bis 500 dt/ha. Im Mittel wurden zur Ertragssicherung 119 mm Zusatzwasser benötigt.

Beregnungsversuche der Landwirtschaftskammer Hannover im Rahmen des »Pilotprojektes Stadensen« kommen bei Stärkekartoffeln zu noch höheren Ertragseinbußen ohne Beregnung. Hier wurden in der unberegneten Variante nur 60 % Stärke gegenüber der optimal beregneten Variante erreicht (Abb. 10-7).

Ermittlung der Gabenhöhe

Beim Einsatz der Bewässerung ist zu beachten, dass so wenig Wasser wie möglich unproduktiv, d. h. nicht ertragswirksam, verloren geht und dass keine Staunässe entsteht. Letzteres kann bei zu hoher und zu häufiger Beregnung auftreten, wenn es Verdichtungen im Unterboden gibt. Wasserverluste können im Kartoffelbau besonders durch Oberflächenabfluss und durch Versickerung in die nicht durchwurzelte Bodenzone entstehen. Beides kann durch an die Bodeneigenschaften und den Entwicklungsstand der Pflanzen angepasste Gabenhöhen und Beregnungsintensitäten verhindert werden. Sickerwasserverluste führen nicht nur zu unnötig hohem Wasseraufwand und Kosten, sondern können auch Nährstoffverluste bewirken. Eine Auffüllung auf über 80 % der nFK wird nicht empfohlen, um einen Puffer für möglicherweise auftretende Niederschläge nach dem Beregnungseinsatz zu behalten.

Bei frühzeitigem Beginn der Beregnung, wenn die Durchwurzelung noch flach und die Bodenbedeckung gering ist, sollte die Gabenhöhe nur bei 15 bis 20 mm liegen, sonst besteht die Gefahr des Abregnens der Dämme. Eine feintropfige Auflösung des Wasserstrahls (kleine Düse, hoher Druck) verringert dieses Risiko. Auch eine nicht zu steile Dammformung und eine etwas tiefere Pflanzung können diesem Problem vorbeugen.

Berechnung der optimalen Gabenhöhe

Die Höhe der zugeführten Wassermenge muss in erster Linie nach dem Aufnahme- und Wasserspeichervermögen des Bodens und der Durchwurzelungstiefe im jeweiligen Entwicklungsstadium bemessen werden.
Beispiel für die Kalkulation: ein Sandboden mit 60 mm nFK bis 50 cm Tiefe (12 mm/10 cm Tiefe) enthält bei 40 % der nFK noch 24 mm Wasser. Bei einer Auffüllung auf 80 % der nFK (das wären 48 mm) läge die Gabenhöhe bei 24 mm. Beginnt die Bewässerung schon bei 50 % der nFK, wären nur 18 mm zu geben. Bei einem lehmigen Boden sind z. B. 90 mm bis in 60 cm Tiefe anzusetzen. 80 % hiervon wären 72 mm. Bei einem Start ab 50 % nFK, also 45 mm Restwassergehalt, beträgt die Gabenhöhe 27 mm.

Nach Bestandesschluss kann die Gabenhöhe auf 20 bis 25 mm ansteigen. Noch höhere Gaben können in vielen Fällen nicht schnell genug vom Boden aufgenommen werden. Bei Beregnung im abreifenden Bestand ist wieder eine niedrigere Gabenhöhe zu bevorzugen.

Beregnungsstrategie in Kartoffeln

Für eine bedarfsgerechte Bewässerung der Kartoffeln kann die Wachstumszeit in vier Phasen eingeteilt werden.

- 1. Phase: Keimung bis Beginn Knollenanlage/Knospenbildung (BBCH 0–40). Keine Beregnung erforderlich, da nicht ertragsrelevant. Mäßige Trockenheit in dieser Phase kann die Wurzelentwicklung und damit die Trockentoleranz fördern.
- 2. Phase: Beginn Knollenanlage/Knospenbildung (BBCH 40–59). Beregnung kann notwendig werden. Der Damm sollte im Inneren nicht vollständig austrocknen. Grenzwert für den Beregnungsbeginn bei mittelfrühen bis späten Sorten: 35 % nFK. Ausnahmen: bei Frühkartoffeln sollte ein Grenzwert von 50 % nFK nicht unterschritten werden, um die kurze Wachstumszeit bestmöglich durch eine schnelle Entwicklung zu nutzen. Auch wenn ein hoher Knollenansatz angestrebt wird oder der Befall mit Kartoffelschorf minimiert werden soll, ist eine optimale Bodenfeuchte zwischen 50 und 80 % der nFK sinnvoll.
- 3. Phase: Beginn Blüte bis beginnende Krautabreife (BBCH 60–91). Hauptberegnungsperiode. In dieser Zeit ist es notwendig, eine gleichmäßige Wasserversorgung auf hohem Niveau zu sichern. Die Bodenfeuchtigkeit sollte nicht unter 50 % nFK abfallen. Bei Verwertungsrichtungen mit hohem Qualitätsanspruch oder einem hohen Übergrößenanteil als Ziel, sollte der Grenzwert sogar bei 55 bis 60 % nFK liegen. Sind großfallende Knollen nicht erwünscht, z. B. bei Pflanzkartoffeln, sollte die Bewässerung so früh beendet werden, dass die gewünschte Größensortierung nicht überschritten wird. Das kann zwar insgesamt etwas Ertrag kosten, aber der vermarktbare Anteil wird höher.

Beregnungsbedürftigkeit

1. **Standort**
   - Klima (Höhe und Verteilung der Niederschläge, Temperatur, klimatische Wasserbilanz)
   - Boden (Fähigkeit zur Wasserspeicherung und Wasserabgabe, Grundwasseranschluss) → Bodenart, Struktur, Tiefgründigkeit, Humusgehalt
2. **Fruchtfolge** (Wasserbedarf der Kulturen, Reaktionen von Ertrag und Qualität auf Trockenstress bzw. Bewässerung)

→ Mehrertrag verkaufsfähiger Ware bei Bewässerung

Beregnungswürdigkeit

3. **Erzeugerpreise** → Mehrerlös
4. **Kosten** der Bewässerung → wirtschaftlicher Erfolg/Misserfolg
5. **Vertragsanbau** – Gewährleistung der Vertragserfüllung → (wirtschaftlicher Erfolg/Misserfolg)

Abb. 10-8: Generelle Überlegungen zur Wirtschaftlichkeit der Bewässerung im landwirtschaftlichen Betrieb

- 4. Phase: Beginn bis Mitte Krautabreife (BBCH 91–95). Häufig ist keine Beregnung mehr nötig, da die Ertragswirkung mit zunehmender Krautabreife immer geringer wird. Die Wurzeln haben ihre maximale Tiefe erreicht und können Wasser aus tieferen Bodenschichten entnehmen, sofern der Damm vorher ausreichend feucht gehalten wurde. Nur bei sehr trockenen Bedingungen sollte nochmals bewässert werden, besonders dann, wenn große Knollen ein Produktionsziel sind. Zur Erleichterung der Ernte kann auf lehmigen Böden eine Bewässerung kurz vor dem Absterben des Krautes sinnvoll sein, um einer zu starken Klutenbildung vorzubeugen.

Abb. 10-9: In niederschlagsarmen Regionen sollte bei der Sortenwahl auf eine ausgeprägte Trockenresistenz geachtet werden. Für Gebiete mit wiederkehrend hohen Temperaturen sind vor allem hitzetolerante Sorten geeignet, die zudem eine geringe Neigung zum Zweitwachstum aufweisen.

11 Krankheiten

Abb. 11-1: Blattbefall und Stängelbefall mit Krautfäule

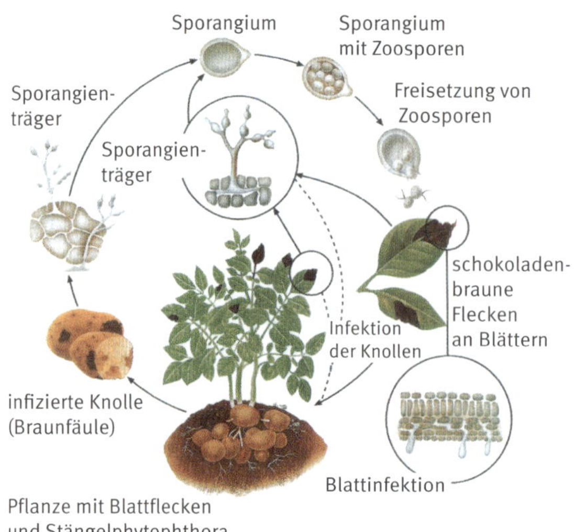

Abb. 11-2: Lebenszyklus von *Phytophthora infestans*

Pilzliche Schaderreger

Kraut- und Knollenfäule

Die Kraut- und Knollenfäule *(Phytophthora infestans)*, beim Knollenbefall auch als Braunfäule bezeichnet, tritt häufig und verbreitet auf (Abb. 11-1). Sie wird durch feucht-warme Witterung begünstigt und kann bei optimalen Krankheitsbedingungen bereits auf dem Feld in kurzer Zeit große Teile der Ernte vernichten. Sie ist zudem der Wegbereiter für einen Sekundärbefall durch andere Pilz- und Bakterienkrankheiten der Kartoffelknolle. Eine chemische Bekämpfung der Kraut- und Knollenfäule im Feldbestand ist deshalb unter unseren klimatischen Bedingungen in Abhängigkeit vom Verlauf der Witterung zur Vegetationszeit in der Regel erforderlich.

Der Entwicklungszyklus des Erregers geht aus der Abbildung 11-2 hervor.

Rhizoctonia-Krankheit

Die Rhizoctonia-(Wurzeltöter-)krankheit, hervorgerufen durch den Pilz *Rhizoctonia solani,* führt im Feldbestand zu Auflaufschäden und Kümmerwuchs, aber auch zu Welkesymptomen und Ertragsverlusten. An den Knollen verursacht der Pilzwuchs Deformationen, was zu Minderertrag und vermindertem Marktwareanteil führt (Abb. 11-3). Verstärktes Auftreten bei witterungsbedingten Auflaufverzögerungen und hohem Infektionspotenzial.

Silberschorf

Silberschorf, hervorgerufen durch den Pilz *Helminthosporium solani,* hat aufgrund gestiegener Qualitätsansprüche bei Konsumkartoffeln, vor allem bei gewaschener Ware, stark an Bedeutung gewonnen. Stark befallene Knollen weisen im Lager Gewichtsverluste auf und können auch eine verminderte Triebkraft aufweisen. Hauptinfektionszeit ist die Lagerperiode.

Abb. 11-3: Wurzeltöterkrankheit (*Rhizoctonia solani*), oben links: beginnendes Wipfelrollen, oben Mitte: Wipfelrollen fortgeschrittenes Stadium, oben rechts: Ausbildung von Luftknollen, unten links: Weißhosigkeit am Stängelgrund, unten Mitte: Sklerotien auf der Kartoffelschale, unten rechts: Symptome von dry-core

Abb. 11-4: Dürrfleckenkrankheit (*Alternaria solani*), links: Blattbefall, rechts Detail mit den typischen konzentrischen Ringen

Dürrfleckenkrankheit

Die Dürrfleckenkrankheit (*Alternaria solani*) tritt in den letzten Jahren, insbesondere in warmen Sommern, verstärkt auf (Abb. 11-4). Sie kommt häufig auch nach physiologischer Schwächung der Pflanzen durch Witterungsextreme, Staunässe und Bodenverdichtungen vor.

Wirtelpilz-Welkekrankheit

Die Wirtelpilz-Welkekrankheit (*Verticilium spp.*) ist weltweit verbreitet, hat aber in Deutschland nur eine geringe wirtschaftliche Bedeutung.

Colletotrichum-Welkekrankheit

Die Colletotrichum-Welkekrankheit tritt in fast allen Kartoffelanbaugebieten auf. Eine heiße, trockene Sommerwitterung fördert den Pilzbefall. Die auch als »Black dot« bezeichnete Krankheit wird durch den Pilz *Colletotrichum coccodes* verursacht, der neben Blättern, Stängeln, Wurzeln und Stolonen auch die Knollenoberfläche befallen kann.

Grauschimmel

Grauschimmel (*Botrytis cinerea*) hat in Deutschland nur eine geringe wirtschaftliche Bedeutung. Auftreten bei kühl-feuchter Witterung.

Gelbfleckigkeit

Gelbfleckigkeit (*Cercospora concors*) ist relativ wenig verbreitet, Auftreten verstärkt auf beregneten Flächen.

Sclerotinia-Stängelfäule

Sclerotinia-Stängelfäule (*Sclerotinia sclerotiorum*) tritt nach stürmischem, feuchtem und kühlem Wetter bevorzugt an verletzten Stauden am ehesten im Norden Deutschlands unregelmäßig auf.

Kartoffelkrebs

Kartoffelkrebs (*Synchytrium endobioticum*) hat durch den Anbau krebsresistenter Sorten und die klar geregelten phytosanitären Bestimmungen (Meldepflicht) an Bedeutung verloren. Sein bevorzugtes Auftreten ist auf kühle und niederschlagsreiche Regionen begrenzt.

Bakterielle Schaderreger

Schwarzbeinigkeit und **Stängelfäule** werden nach neuer Taxonomie der Erregergruppe *Pectobacterium carotovorum* spp. zugeordnet, wohingegen die **Bakterielle Welke** durch die Erregergruppe *Dikeya* spp. verursacht wird (Abb. 11-5). Die Schadbilder unterscheiden sich nur unwesentlich. Der Befall der Feldbestände ist die Folge des mechanisierten Kartoffelanbaus mit hohen mechanischen Beanspruchungen der Knollen, vor allem bei Ernte und Umschlag und nachfolgender Infektion. Knollenbeschädigungen sind die Eintrittspforte für die Erreger. Es entstehen dadurch erhebliche Ertrags- und Qualitätsverluste.

Abb. 11-5: oben: Schwarzbeinigkeit im Feldbestand (*Pectobacterium carotovorum*), unten: Stängelnassfäule (*Dikeya solani*)

Bakterienringfäule (*Clavibacter michiganendis spp. Sepedonicus*) tritt sporadisch und regional begrenzt auch in Europa auf. Sie ist im Feldbestand nicht einfach zu diagnostizieren. Wegen der nach Feststellung gebotenen Einhaltung der **Quarantäne**bestimmungen (Meldepflicht) führt das Auftreten zu großen Konsequenzen für den Kartoffelanbau im Befallsgebiet.

Letzteres gilt auch für die **Schleimkrankheit** (*Ralstonia solanacearum*). Diese kann bereits durch Auflaufschäden und nachfolgendes Absterben befallener Pflanzen erkannt werden. Eine sichere Diagnose befallener Knollen ist mit modernen Nachweismethoden im Labor möglich.

Viröse Schaderreger

In der wirtschaftlichen Bedeutung der Kartoffelviren (Abb. 11-6) für den Kartoffelanbau und in der Art der Übertragung gibt es große Unterschiede (Tab. 11-1).

Abb. 11-6: Viruskrankheiten, Blattrollvirus (a), Y-Virus (b), A-Virus (Raumosaik) (c), M-Virus (d), X-Virus (leichtes Mosaik) (e), S-Virus (f)

Tab. 11-1: Ertragsverluste und Übertragungsmöglichkeiten ausgewählter Kartoffelviren (Quelle: Kürzinger)

Virus	möglicher Ertragsverlust (%)	Übertragungsmöglichkeiten				
			Blattläuse			
		durch Knollen	persistent	nicht persistent	frei lebende Nematoden	mechanisch
Blattrollvirus, PLRV	bis 90	+	+	–	–	–
Y-Virus, PVY	bis 90	+	–	+	–	+
A-Virus, PVA	bis 45	+	–	+	–	+
M-Virus, PVM	bis 50	+	–	+	–	+
S-Virus, PVS	bis 25	+	–	+	–	+
X-Virus, PVX	bis 60	+	–	–	–	+
Tabak-Rattle-Virus, TRV	bis 15	+	–	–	+	–

Die am meisten verbreiteten Kartoffelviren unterscheiden sich bei Befall hinsichtlich ihrer Symptomausprägung je nach Sorte, Witterung und dem Ernährungszustand (Tab. 11-2).

Generell ist hinsichtlich des Auftretens der Symptome von Viruskrankheiten zu beachten:

- Bei Mischinfektionen mit PVY, PVA, PVM, PVS und PVX treten Verstärkungen der Symptome auf.
- Kühle Witterung kann die Symptome verstärken.
- Hohe Temperaturen (über 24 °C) maskieren bzw. verstärken die Symptome.
- Zahlreiche Wirtspflanzen können Virusträger sein.
- Mosaikartige Scheckungen können durch Licht, Temperatur, Wasser und Nährstoffe hervorgerufen werden.
- Chlorotische Aufhellungen, Deformationen, Kräuselungen und Stauchungen können durch Herbizide oder Fröste auftreten bzw. können starke Stickstoffgaben die Symptome maskieren.
- Mangelerscheinungen durch Nährstoffe können ebenfalls virusähnliche Symptome verursachen.

Tab. 11-2: Kartoffelviren und deren Schadbild (Quelle: Kürzinger)

Virus	Schadbild
Kartoffelblattrollvirus (potato leafroll virus = PLRV) **Übertragung** durch Blattläuse persistent	• tütenförmiges Einrollen der Blätter, unten beginnend • Aufhellung der Blätter • Blattstellung steil • Blattverfärbung von gelblich über rötlich bis violett an Blatträndern und Blattunterseite • durch Wachstumsstörungen Blätter hart und spröde, Blätter knacken, Anhäufung von Stärke • Knollen Netznekrosen
Kartoffel Y-Virus (potato virus Y = PVY), Übertragung durch Blattläuse/Kontakt PVY^{O} -Strichelkrankheit PVY^{N} -Tabakrippenbräune	• leichtes bis schweres Mosaik, hell- bis dunkelgrüne Scheckung, schwache bis starke Symptome • raue, gewellte Blätter, Blattspitzen rollen sich ein • braunschwarze Nekrosen von punktförmig bis strichelartig • Zwergwuchs und Blattfall • vertrocknete, abgeknickte Blätter, Blätter hängen am Stängel (leafdrop) • Wuchs der Pflanzen gehemmt
PVY^{NTN} -Knollenringnekrose	• Knollensymptome mit ring- bis bogenförmigen Nekrosen zum Ende der Vegetation auf der Schale, nur wenige mm ins Knollengewebe (verwechselbar mit TRV-Knollensymptomen nur auf der Schale, TRV-Nekrosen dringen bogenförmig ins Knollenfleisch ein)
$PVY^{N:O}$	• latent bis schweres Raumosaik
$PVY^{N\ WILGA}$	• Selektion damit erschwert! Sehr aggressiver Virusstamm, schweres bis oft symptomloses Raumosaik

Tab. 11-2: Kartoffelviren und deren Schadbild (Quelle Kürzinger) (Fortsetzung)

Virus	Schadbild
Kartoffel A-Virus (potato virus A = PVA) **Übertragung durch** Blattläuse/Kontakt	• »Raumosaik« nicht sichtbar – latenter Befall möglich • raues Blatt mit glänzender gewölbter Oberfläche • sehr leichte bis schwere mosaikartige Blattscheckungen • Blattränder können gewellt bis gekrümmt erscheinen • Spitzennekrosen • Virusverwechslung mit PVM ist möglich
Kartoffel M-Virus (potato virus M = PVM) **Übertragung durch** Blattläuse/Kontakt	• »Rollmosaik« Einrollen der Blätter im oberen Bereich (im Gegensatz zum PLRV) • feine Mosaikfärbung mit Blattrandwellung • Blätter sind weich und elastisch, mit *Rhizoctonia solani* zu verwechseln • leichte Adernaufhellung und leichte rötliche Verfärbung der Endblätter
Kartoffel X–Virus (potato virus X = PVX) **Übertragung nur durch** Kontakt	• leichte mosaikartige Scheckung, oft auch symptomlos • selten Blattdeformationen • schwere mosaikartige Verfärbungen ähnlich PVY und PVA möglich • Symptom-Ausprägung nimmt mit zunehmendem Alter der Pflanzen ab
Kartoffel S-Virus (potato virus S = PVS) **Übertragung durch** Blattläuse/Kontakt	• meist schwache Symptome, oft latent • leichte, bronzefarbene bis nekrotische Blattaufhellungen • raue Blätter mit leichten Vertiefungen der Blattnerven • Fiederblätter stark gefaltet, Blattspitzen leicht abgeknickt bei starker Symptom-Ausprägung Ähnlichkeit mit PVM, PVY und PLRV
Tabak-Rattle-Virus (tobacco rattle Virus = TRV)	• »Stängelbund- und Pfropfenbildung« • häufig nur einzelne Triebe einer Pflanze befallen • Blätter gelbfleckig, gescheckt, gewellt • nekrotische Flecken auf den Blättern, Stielen und Stängeln • Knollen zeigen an der Oberfläche bogenförmige Nekrosen (Pfropfen), im Knollenfleisch eisenflecken-ähnliche Nekrosen (abgestorbene Gewebeteile)

Tierische Schaderreger

Kartoffelzystennematoden

Die Kartoffelzystennematoden *(Globodera rostochienses, G. pallida)* sind durch ihre stecknadelkopfgroßen, anfangs hellen, später rotbraunen Zysten erkennbar. Sie verursachen starke Ertragsverluste, vor allem bei Speisekartoffeln wird der Marktwareanteil verringert. Da in anhaftender Erde Zysten verschleppt werden können, wird für Pflanzkartoffeln grundsätzlich Befallsfreiheit der Ware gefordert.

Der Befall von Ackerflächen mit zystenbildenden Nematoden ist am nesterweisen Auftreten kleinwüchsiger Pflanzen im ansonsten gesunden Pflanzenbestand erkennbar. Bei enger Stellung der Kartoffel in der Fruchtfolge, starkem Durchwuchs in Folgekulturen und dem Anbau anfälliger Sorten kommt es zur Anhäufung der bodenbürtigen Schaderreger. Durch Wurzelausscheidungen werden Larven zum Verlassen der im Boden überdauernden Zysten angeregt, dringen in das Wurzelgewebe ein und entwickeln sich zu geschlechtsreifen Tieren. Die weiblichen Tiere erzeugen nach der Begattung durch frei bewegliche Männchen 300 bis 500 Eier, die sich nach dem Absterben der Weibchen in Dauerzysten zu Larven entwickeln. Beim Fehlen von Wirtspflanzen können einzelne Larven innerhalb der Zysten bis zu zwölf Jahre lebensfähig bleiben.

Blattläuse

Blattläuse können durch Saugschäden an den Pflanzen, aber insbesondere durch die Übertragung von Viren auf gesunde Pflanzen und nachfolgendem Befall der Pflanze durch Abwanderung der Viren in die Tochterknollen und deren Anbau im Folgejahr zu Ertragsausfall und besonders im Pflanzkartoffelanbau zu großen wirtschaftlichen Schäden führen. Als mögliche Überträger (Vektoren) von Viren gelten neben der grünen Pfirsichblattlaus, der Kreuzdornlaus, der Faulbaumlaus, der grünstreifigen und grüngefleckten Kartoffelblattlaus sowie der Bohnenlaus eine Vielzahl weiterer Blattlausarten, die nicht nur Kartoffelbestände besiedeln. Die Intensität des Blattlausbefalls ist großen Schwankungen unterworfen. Neben regionalen Unterschieden (weniger intensiv in Küstennähe und Mittelgebirgslagen) wirken Zeitpunkt des Flugbeginns, der Witterungsverlauf und natürlich Intensität und Treffsicherheit der Bekämpfung mit Insektiziden auf die Höhe der Gefährdung von Kartoffelbeständen. Der staatliche Blattlauswarndienst ermittelt in Fangschalen die Blattlauspopulationen und gibt Empfehlungen zu deren Bekämpfung.

Abb. 11-7: Kartoffelkäfer (*Leptinotarsa decemlineata*), oben: Eigelege auf der Blattunterseite, Mitte: Larven, unten: Käfer

Kartoffelkäfer

Der Kartoffelkäfer (*Leptinotarsa decemlineata*) zählt zu den tierischen Schaderregern, die ohne Bekämpfung und bei Massenauftreten grüne Kartoffelbestände durch den Fraß der Larven bis zum Totalausfall vernichten können (Abb. 11-7). Die Käfer überwintern im Boden, befallen mit dem Auflaufen die jungen Pflanzen und paaren sich. Nach erfolgter Eiablage, vier Larvenstadien und Verpuppung schlüpfen die Jungkäfer nach zwei Wochen. Wegen des kurzen Entwicklungszyklus können innerhalb eines Jahres zwei bis drei Generationen auftreten. Nach Überschreiten einer bestimmten Schadschwelle ist mit Insektiziden unter Beachtung von Resistenzen der Käfer eine sichere Bekämpfung möglich.

Eulenraupen

Eulenraupen (Erdraupen) sind die Larven verschiedener Eulenfalter, z. B. der Wintersaateule, der Gammaeule oder der Ypsiloneule. Die Fraßschäden der Erdraupen treten besonders an den Knollen auf. Der Befall wird auf trockenen humosen Standorten besonders in trockenen warmen Sommern begünstigt.

Drahtwürmer

Drahtwürmer sind die Larven des Saatschnellkäfers.

Wanzen, Zikaden und Tripse

Wanzen, Zikaden und Tripse haben in Deutschland nur eine untergeordnete wirtschaftliche Bedeutung.

Nichtparasitäre Krankheiten

Nichtparasitäre Krankheiten sind z. B. Nährstoffmangel, Herbizidschäden, Hagelschäden und Frostschäden.

Tab. 11-3: Übersicht zur Symptomatik von Krankheiten und Schädigungen an Kartoffelpflanzen

Krankheit/Erreger	**Schadbild an den Pflanzen**	**Bekämpfung**
Pilzliche Schaderreger		
Kartoffelkrebs (*Synchytrium endobioticum*)	Wucherungen an Keimen, Stängeln, Stolonen und Knollen	Anbauverbot auf befallenen Flächen, Anbau krebsresistenter Sorten
Kraut- und Knollenfäule (*Phytophthora infestans*)	scharf abgegrenzte braune Flecken auf der Blattoberseite, auf Blattunterseite weißes Pilzmyzel	Sorten- und Pflanzgutwahl, Einsatz von Fungiziden nach Warnmeldungen, Wirkstoffwechsel, Krautminderung
Wurzeltöterkrankheit (*Rhizoctonia solani*)	Kümmerwuchs, Weißhosigkeit, Luftknollen, Wipfelrollen	Pflanzgutbeizung, Sortenwahl, weite Stellung in der Fruchtfolge
Silberschorf (*Helminthosporium solani*)	silbergraue unregelmäßige Flecken mit schwarzen Pünktchen auf der Knolle, Gewichtsverluste im lager	Pflanzgutbeizung, schnelles Trocknen frisch geernteter Knollen
Dürrfleckenkrankheit (*Alternaria solani*)	scharf abgegrenzte unregelmäßige Flecken mit konzentrischen Kreisen	Einsatz von Fungiziden mit Kontaktwirkung, Sortenwahl
Wirtelpilz-Welkekrankheit (*Verticilium* spp.)	Vergilben der unteren Blätter, die nach Absterben an den noch grünen Stängeln hängen bleiben	weite Stellung in der Fruchtfolge, Einsatz gesunden Pflanzguts

Tab. 11-3: Übersicht zur Symptomatik von Krankheiten und Schädigungen an Kartoffelpflanzen (Fortsetzung)

Krankheit/Erreger	Schadbild an den Pflanzen	Bekämpfung
Grauschimmel (*Botrytis cinerea*)	scharf abgegrenzte braune Flecken an den Blattspitzen, auf Blattunterseite graues Pilzmyzel	meist nicht erforderlich, gute Versorgung mit Kalium, schonender Umgang im Lager
Colletotrichum-Welke (*Colletotrichum coccodes*)	Vergilben der unteren Blätter, Einrollen nach oben	weite Stellung in der Fruchtfolge, Einsatz gesunden Pflanzguts
Gelbfleckigkeit (*Cercospora concors)*	zu Beginn weniger stark abgegrenzte Vergilbung der unteren Blätter, nachfolgend Blattabwurf	meist nicht erforderlich
Sclerotinia-Stängelfäule (*Sclerotinia sclerotiorum*)	weißes Pilzmyzel an den unteren Stängelabschnitten, nachfolgend Abknicken der Stängel	weite Stellung in der Fruchtfolge, tiefe Pflugfurche
Bakterielle Schaderreger		
Schwarzbeinigkeit, Stängelfäule (*Pectobacterium carotovorum*)	Welken und Vergilben von Blättern und Stängeln, Stängelbasis wird braun bis schwarz und schmierig	Einsatz gesunden Pflanzguts, Beizung
Bakterielle Welke (*Dikeya* spp.)	dunkelbraune Verfärbung im Stängelinneren, Abbrechen der Stängel oberhalb des Stängelgrundes	Einsatz gesunden Pflanzguts, Beizung
Ringfäule (*Clavibacter michiganendis* spp. *Sepedonicus*)	starkes Welken einzelner Stängel und Blätter, spätes Symptomauftreten oft zeitgleich mit beginnender natürlicher Abreife	Monitoring mit strengen Maßnahmen für Anbau und Handel
Schleimkrankheit (*Ralstonia* solanacearum)	Auflaufschäden, Welkeerscheinungen beginnend an den Triebspitzen, nachfolgendes Absterben der Pflanzen	Monitoring mit strengen Maßnahmen für Anbau und Handel, keine Beregnung mit Oberflächenwasser
Viröse Schaderreger		
s. Tabelle 11-2		Sortenwahl, Einsatz gesunden Pflanzguts, Bekämpfung von Vektoren, Krautminderung
Tierische Schaderreger		
Nematoden (*Globodera rostochiensis*, *Globodera pallida*)	nesterweise Kümmerwuchs, starke Wurzelverzweigung, Besiedelung der Wurzeln mit Zysten	Sortenwahl, weite Fruchtfolge, kein Durchwuchs
Blattläuse (diverse Arten)	Saugschäden an Blättern und Trieben	Einsatz von Insektiziden, besonders in Vermehrungsbeständen
Kartoffelkäfer (*Leptinotarsa decemlineata)*	Fraßschäden an den Blättern	Einsatz von Insektiziden
Eulenraupen (mehrere Agrostis Arten)	Fenster- und Lochfraß an jungen Pflanzen, später auch Fraßschäden an Stängeln und Wurzeln	Einsatz von Insektiziden
Wanzen und Zikaden	Saugschäden an den Blättern	Feldrandbehandlung mit Insektiziden
Tripse	Saugstellen an den Blattunterseiten	nicht erforderlich

Tab. 11-4: Übersicht zur Symptomatik von nichtparasitären Schädigungen an Kartoffelpflanzen

Schädigung	Ursache	Schadbild
Nährstoffmangel	Ungenügende Bodenversorgung bzw. ungenügende Verfügbarkeit insbesondere von N, P, K, Mg, Mn und B	• N: Blätter werden blassgrün, Wuchs vermindert • P: Blätter werden dunkelgrün • K: Braunfärbung und Einrollen der Blätter, Blattnerven bleiben grün • Mg: Blattaufhellung der unteren Blätter, spiegelbildlich nekrotische Flecken • Mn: längs der Blattnerven nekrotische Flecken • B: Absterben und Einrollen der Blätter an den Sprossspitzen
Herbizidschäden	Einsatz ungeeigneter Mittel, Überdosierung, falscher Einsatzzeitpunkt	Verwachsungen und Verformungen, Wuchsdepressionen, Absterben
Hagelschäden	Hagelschlag	stark beschädigte Blätter und Triebe
Frostschäden	Spätfröste mit unter minus 2 °C	Verwelken und Schwarzfärbung der jungen Pflanze, nach schwacher Schädigung Neuaustrieb

Quarantänekrankheiten und -schaderreger

Zur Gruppe der Quarantänekrankheiten und -Schaderreger fallen alle Schadorganismen (Quarantäneschaderreger), die in der Pflanzenbeschauverordnung zur Kartoffel und der Pflanzengesundheitsrichtlinie der EU als solche gelistet sind. Darüber hinaus können auch gesetzliche Regelungen (Entscheidungen) direkt durch die Europäische Union getroffen werden, die, ohne Umsetzung in nationales Recht, die jeweiligen Mitgliedstaaten zum Umsetzen verpflichten.

Das gilt für die nachfolgend aufgeführten Krankheiten und Schaderreger:

- Kartoffelkrebs, *Synchytrium endobioticum*
- Bakterielle Ringfäule, *Clavibacter michiganensis* ssp. *Sepedonicus*
- Schleimkrankheit, *Ralstonia solanacearum*
- Spindelknollenkrankheit, PSTVd
- Kartoffelkrätzeälchen, *Ditylenchus destructor*
- Kartoffelzystennematoden, *Globodera rostochiensis, G. pallida*
- Columbia-Wurzelgallenälchen, *Meloidogyne chitwoodi*
- Falsches Wurzelgallenälchen, *Meloidogyne fallax*

Bei Befall oder Befallsverdacht mit diesen Quarantäneschaderregern muss die zuständige Pflanzenschutzbehörde unverzüglich unterrichtet werden (Meldepflicht!).

Die Prüfung auf Befall mit Bakterieller Ringfäule und Schleimfäule erfolgt im Labor durch mehrere aufeinanderfolgende Teste. Bei positiven Ergebnissen nach zwei unabhängigen Screening-Tests erfolgt ein Biotest (Abb. 11-8). Selbst wenn dieser Test negativ ausfällt, kann in Deutschland eine solche Partie nicht mehr als Pflanzgut anerkannt werden.

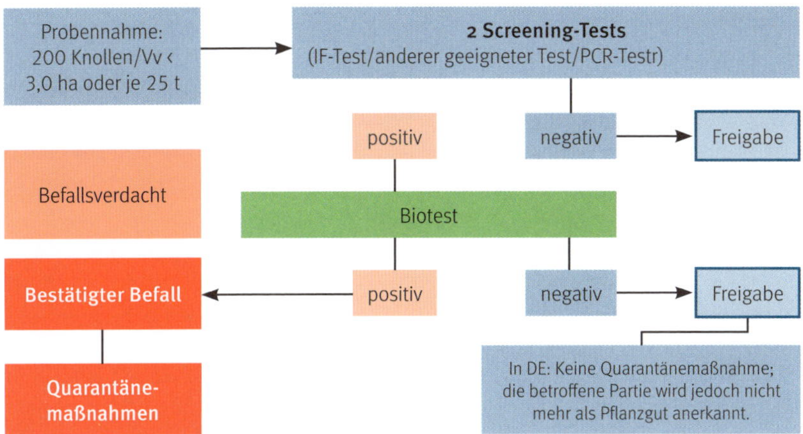

Abb. 11-8: Schema zur Abfolge der Testverfahren auf Befall mit Bakterieller Ringfäule und Schleimkrankheit bei Kartoffeln (Quelle: Erbe, 2005)

Auftreten von und Umgang mit Quarantänekrankheiten

Im Unterschied zu den übrigen Kartoffelkrankheiten unterliegen die Quarantänekrankheiten wegen ihrer schwierigen Bekämpfbarkeit gesonderten gesetzlichen Bestimmungen, in denen die Anzeigepflicht bei Feststellung oder Verdacht des Auftretens sowie Maßnahmen zur Bekämpfung geregelt sind.
Besondere wirtschaftliche Bedeutung können bei Auftreten neben den Kartoffelnematoden und Kartoffelkrebs die Quarantänebakteriosen Ringfäule und Schleimfäule haben.

Unter den Anbaubedingungen in Deutschland liegt der besondere Schaden der beiden letztgenannten Krankheiten vorwiegend im Bereich des Handels von Pflanzkartoffeln, die bei Nachweis latenten Befalls nicht mehr handels- oder anbaufähig sind.

Da es für beide Erreger keine direkten Bekämpfungsmöglichkeiten gibt und auch keine Sortenresistenz besteht, ist die strenge Einhaltung hygienischer Maßnahmen im gesamten technologischen Prozess des Anbaus bis hin zum Absatz unerlässlich.

Bakterielle Ringfäule

Die Bakterielle Ringfäule *(Clavibacter michiganensis ssp. sepedonicus)* ruft an der Knolle eine vom Nabel ausgehende glasiggelbe, später oft deutlich braune Verfärbung des Gefäßbündelrings hervor. Im Verlauf der Erkrankung breitet sich die verfärbte Zone weiter aus, bis letztlich das gesamte Gewebe durch seitlichen Druck auf die durchschnittene Knollenhälfte aus der Gefäßbündelzone herauszupressen ist. Zu Beginn der Fäule sind äußerlich keine Symptome an der Knolle festzustellen, trotzdem kann der Erreger latent vorhanden sein. Deshalb unterliegt diese Krankheit besonders strengen Bestimmungen für den Kartoffelhandel.

Schleimkrankheit

Die Schleimkrankheit *(Ralstonia solonacearum)* ist an halbierten Knollen an den braun verfärbten Gefäßbündelringen zu erkennen, die unter seitlichem Druck ein schleimiges oder fadenziehendes Exsudat abgeben. Bei starkem Befall können sogar gelegentlich Schleimabsonderungen an den Augen- und Nabelenden beobachtet werden, die häufig mit anhaftenden Bodenteilchen verschmutzt sind. Eine visuelle Differenzierung der Schleimkrankheit anhand der Symptome ist jedoch schwierig, da auch mit schwachem, latentem Befall gerechnet werden muss. Der Erreger lässt sich nur labordiagnostisch sicher bestimmen. Auch für diese Krankheit gelten die bei der Bakteriellen Ringfäule genannten besonderen Anforderungen.

Der beste Schutz vor Befall der Anbauflächen besteht im Einsatz geprüften Pflanzguts. Nachgewiesener Befall und die daraus resultierenden Maßnahmen führen zu drastischen Anbaueinschränkungen (Anbau- und Vermarktungsverbot) und zu erheblichen wirtschaftlichen Schäden.

12 Pflanzenschutz

Auftreten und Bekämpfung von *Phytophthora*

Die durch den Pilz *Phytophthora infestans* hervorgerufene **Kraut- und Knollenfäule** ist nach wie vor die bedeutendste Kartoffelkrankheit in Deutschland. Durch die Krautfäule wird der Ertrag und durch die Braunfäule der Knollen die Qualität, aber auch der Marktwareertrag gemindert. Damit nimmt diese Krankheit erheblich Einfluss auf die Rentabilität des Kartoffelanbaus.

Als Schadsymptome sind neben den bekannten Blattsymptomen verstärkt Infektionen der Triebspitzen, der Blatttriebe und der Stängel, als sogenannte Stängelphytophthora, zu beobachten.

Mit einer Krautfäuleinfektion ist in jedem Jahr zu rechnen. Das zeitliche Erstauftreten und die Intensität des Befalls schwanken witterungsbedingt von Jahr zu Jahr. Dabei hat sich das Erstauftreten seit den siebziger Jahren um mindestens vier Wochen verfrüht.

Je nach Ausprägung einzelner Merkmale kann nach Applikation der Präparate die erwartete Dauer des Fungizidschutzes verkürzt oder verlängert werden (Tab. 12-1).

Zur Bekämpfung der Krautfäule gelten folgende Grundsätze:

- Mit der Fungizidbehandlung der Kartoffelbestände sollte entsprechend der Warnmeldung des Pflanzenschutzamtes begonnen werden. Eine erfolgreiche Verhinderung bzw. Verzögerung des Krautfäuleerstbefalls und des weiteren Epidemieverlaufs kann nur durch eine vorbeugende Anwendung von Fungiziden erreicht werden. Daher sind die Bestände auch unabhängig von der zu erwartenden Warnmeldung vom Landwirt zu überprüfen.
- Zur Bekämpfung der Kraut- und Knollenfäule steht eine breite Palette an Fungiziden zur Verfügung. Die Auswahl muss entsprechend der konkreten Befallssituation erfolgen.
- Bei hohem Infektionsdruck und unbeständiger Witterung sind solche Fungizide einzusetzen, die neben der Kontaktwirkung auch noch eine systemische Wirkung aufweisen. Bei geringem Infektionsdruck reicht der Einsatz von preiswerten Kontaktfungiziden aus. Bei stärkerem Befallsdruck ist dieser mit sogenannten »Stopp-Spritzungen« erfolgreich zu bekämpfen.

Bis zur Krautabtötung ist ein ständiger Fungizidschutz zu gewährleisten. Für die Abschlussspritzung vor der Krautabtötung haben sich Mittel mit ausgeprägter sporizider Wirkung bestens bewährt. Hierzu gehört z. B. der Wirkstoff Fluazinam.

Fungizide haben den größten Anteil an der Menge der eingesetzten Pflanzenschutzmittel im Kartoffelanbau. Der Fungizideinsatz ist die Grundlage für den Ertrag und die Qualität im Kartoffelanbau, hier sind ansonsten sehr starke Ertragsausfälle möglich.

Derzeitig steht dem Landwirt eine große Auswahl an Fungiziden zur Verfügung. Aktuelle Ergänzungen sind zu beachten. Die erhältlichen Fungizide lassen sich hinsichtlich ihrer Wirkungsweise in mehrere Gruppen einteilen.

Tab. 12-1: Mögliche Veränderungen der Dauer des Fungizidschutzes bei der Phytophthorabekämpfung (Quelle: Kürzinger)

Merkmal	Abschlag in Tagen			Ausprägung des Merkmals	Zuschlag in Tagen		
	-3	-2	-1		+1	+2	+3
Sortenanfälligkeit (Krautfäule)				stark			
				mittel bis stark			
				mittel			
				mittel bis gering			
				gering			
Krautzuwachs				sehr stark			
				stark			
				mittel bis stark			
				mittel			
				mittel bis schwach			
				schwach			
Infektionsdruck				sehr stark			
				stark			
				mittel bis stark			
				mittel			
				mittel bis niedrig			
				niedrig			
				sehr niedrig			
Niederschläge bei Kontaktmitteln				weniger als 5 mm			
				von 5 bis 10 mm			
				bei > 15 mm erneute Spritzung			
Niederschläge bei systemischen Mitteln				von 10 bis 15 mm			
				von 15 bis 20 mm			
				bei > 25 mm erneute Spritzung			

ø Wirkungsdauer bei Kontaktfungiziden = 8 Tage, bei systemischen Fungiziden = 11 Tage

Die reinen **Kontaktfungizide** können durch einen möglichst flächendeckenden Spritzbelag auf der Blattoberfläche Neuinfektionen verhindern bzw. stark verzögern, besitzen aber keine kurative Wirkung. Unter schwachen bis normalen Infektionsbedingungen und bei konsequenter Einhaltung der Spritzabstände erzielen diese relativ preiswerten Kontaktmittel der Gruppe 1, wie z. B. Cuprozin progress, Funguran progress, Polyram WG oder Tridex DG, auch bei ausschließlichem Einsatz eine gute Wirkung. Zu den Kontaktmitteln der Gruppe 2, die eine hohe sporenabtötende Wirkung und eine höhere Regenfestigkeit aufweisen, gehören z. B. die Mittel Nando 500 SC, Ranman Top, Shaktis, Shirlan und Terminus. Bei Kontaktmitteln gilt die Ausbildung resistenter Pilzstämme als sehr unwahrscheinlich.

Bei höherem Infektionsdruck sollten Mittel eingesetzt werden, die neben der Kontaktwirkung noch eine **translaminare (bzw. teilsystemische) Wirkung** aufweisen, wie z. B. Banjo Forte, Revus Top und Tanos. Die Wirkstoffe dringen von der Blattoberfläche in das Blatt ein und können bereits erfolgte Infektionen innerhalb der ersten 36 bis 48 Stunden eliminieren. Ein Transport dieses lokalsystemischen Wirkstoffs innerhalb der Pflanze erfolgt nicht. Es besteht eine bessere Regenbeständigkeit, sodass diese Mittel Vorteile bei unbeständiger Witterung und starkem Infektionsdruck haben. Auch bei dieser Mittelgruppe sind bisher keine Resistenzen bekannt. Sie sind daher auch bei vorhandener Resistenz gegen andere Wirkstoffe mit vollem Erfolg einsetzbar.

Weiterhin stehen Fungizide zur Verfügung, die neben der Kontaktwirkung noch mit einer **systemischen Wirkung** ausgestattet sind. Der systemische Wirkstoff dringt in die Pflanze ein und wird dort innerhalb der Pflanze aber nur acropetal (nach oben) transportiert. Die Kurativleistung ist daher noch besser als bei den lokalsystemischen Mitteln. Diese Mittel eignen sich aufgrund ihrer

Abb. 12-1: Die Kraut- und Knollenfäule (*Phytophthora infestans*) ist weltweit die mit Abstand bedeutendste Krankheit der Kartoffel. Der Krankheitserreger infiziert alle Teile der Pflanze, zerstört die Blattfläche und befällt die Knolle. Das Auftreten wird durch feucht-warme Witterung begünstigt. Es kann zu Ertragsverlusten von 20 bis 40 % oder sogar zu einem Totalschaden kommen.

hohen Regenbeständigkeit und der kurativen Wirkung ebenfalls sehr gut für unbeständige Witterungsperioden und bei starkem Infektionsdruck. Aus Resistenzgründen sollte sich der Anwendungsumfang dieser Fungizide in der Praxis auf maximal zwei Behandlungen zum Spritzanfang beschränken.

Das Mittel Infinito besitzt sowohl eine translaminare als auch eine systemische Wirkung, der Ranman Top-Proxanil Pack zusätzlich auch noch eine Kontaktwirkung.

Alle Fungizide, die den Wirkstoff Mancozeb enthalten, haben keine Zulassung mehr. Zur direkten Bekämpfung von Alternaria (solani bzw. alternata) bei dafür anfälligen Sorten sind die speziellen Mittel Ortiva, Signum und Revus Top zugelassen.

Um einen drohenden flächendeckenden Befall zu verhindern, haben sich die sogenannten Stopp-Spritzungen auch bei stärkerem Stängelbefall bewährt. In diesem Fall ist der Einsatz von translaminaren Fungiziden in Tankmischung mit Kontaktmitteln der Gruppe 2 zu empfehlen. Die Behandlungen sind nach drei bis fünf Tagen zu wiederholen.

Bei sehr starkem Krautfäulebefall, insbesondere in Verbindung mit unbeständiger Witterung, ist auch auf eine Stopp-Spritzung zu verzichten und im Interesse der Qualität der bereits vorhandenen Knollen das stark befallene Krautfäulenest im Schlag bzw. der gesamte Kartoffelschlag umgehend abzutöten.

Die abschließende Fungizidbehandlung vor der Krautabtötung sollte aufgrund ihrer guten sporenabtötenden Wirkung mit Wirkstoffen, wie Fluazinam oder Cyazofamid, erfolgen. Eine Beimischung dieser Fungizide direkt zur Krautabtötung ist in der Regel nicht erforderlich.

Letzter aber wesentlicher Bestandteil der Maßnahmen gegen die Kraut- und Braunfäule ist die Krautabtötung ca. zehn Tage nach der letzten Fungizidanwendung. Ein Wiederaustrieb ist unbedingt zu vermeiden, um Spätinfektionen mit Kraut- bzw. Braunfäule entgegenzuwirken.

Starre Spritzregime sind grundsätzlich abzulehnen. Die Auswahl der Fungizide und der Spritzabstände sind den jeweiligen örtlichen Gegebenheiten anzupassen. Dabei ist auch auf einen Wirkstoffwechsel innerhalb der Spritzfolge zu achten. Man vermeidet dadurch nicht nur Wirkungsverluste durch Resistenzbildung, sondern macht sich auch die Vorteile der verschiedenen Produkte bzw. Wirkstoffgruppen optimal zunutze. Eine Reduzierung der Wasseraufwandmenge erhöht die Gefahr von Stängelinfektionen. Zur Benetzung auch der Stängelabschnitte sollten 300 l Wasser/ha nicht unterschritten werden, ab Blüte sind möglichst 400 l/ha einzusetzen.

Auftreten und Bekämpfung von Viruskrankheiten

Je nach Virus und Befallsumfang können die Ertragsausfälle sehr groß sein.
Am besten kann man sich durch Anbau von Sorten mit einer hohen Virusresistenz und durch konsequenten Pflanzgutwechsel vor Schaden schützen.

Um die verschiedenen Virosen an der Ausbreitung zu hindern, besteht zunächst die Forderung, gesundes Pflanzgut zu verwenden (Basis- oder Z-Pflanzgut), um Sekundärinfektionen von vornherein auszuschließen bzw. stark zu mindern.

- Vorkeimen und frühes, häufiges Selektieren befallsverdächtiger Pflanzen sollte bei der Pflanzguterzeugung ebenso durchgeführt werden wie die Einhaltung eines möglichst weiten Abstands zu abgebauten Kartoffelbeständen mit hohem Virusbefall.
- Direkte Maßnahmen mit wiederholten Insektizidspritzungen richten sich gegen die Vektoren der Viren, also gegen die Blattläuse. Die erste Spritzung in Pflanzkartoffelbeständen erfolgt nach Warnmeldung vom Pflanzenschutzamt. Weitere Behandlungen sind in Abhängigkeit von Krautzuwachs, witterungsabhängiger Wirkungsdauer der Insektizide und Blattlausaktivität durchzuführen. Diesbezüglich kritische Zeiträume werden vom Blattlaus-Warndienst der Pflanzenschutzämter angezeigt.
- Hauptfehler bei der Vektorenbekämpfung sind ein zu später Spritzstart, zu lange Spritzabstände, zu geringe Mittelaufwendungen und eine nicht optimale Mittelwahl.
- In der Zuflugphase der Blattläuse sind Kontaktmittel einzusetzen, danach systemische Insektizide, z. T. in Kombination mit Kontaktmitteln, um ein Siedeln der Blattläuse zu verhindern. In trockenen, heißen Perioden werden systemische Insektizide nur ungenügend von der Pflanze aufgenommen bzw. in der Pflanze transportiert.
- Da wiederholter Einsatz gleicher Wirkstoffe Resistenzen bei den Blattläusen verursachen kann, ist auf einen entsprechenden Wirkstoffwechsel zu achten.
- Der richtige Krautabtötungstermin, je nach Reifezustand und Blattlausflug, verhindert die Abwanderung der Viren von den Blättern in die Knollen.
- Wiederaustrieb ist dringend zu verhindern, ansonsten besteht die Gefahr von Spätinfektionen.

Virusquellen für Neuinfektionen der gesunden Kartoffelbestände werden trotz aller Vorsicht und Sorgfalt vom Landwirt selbst ausgepflanzt. Hierbei handelt es sich um Sekundärinfektionen aus dem Vorjahr. Aus den Resultaten der Beschaffenheitsprüfung kann abgeleitet werden, wieviel Prozent der aufwachsenden Kartoffelbestände bereits mit einer Virusinfektion belastet sind. Schon in handhohen Beständen sind die ersten viruskranken Kartoffelstauden gut zu erkennen. Nach einer Virusübertragung durch Aphiden bzw. auf mechanischem Wege sind diese Stauden Ausgangspunkt für Primärinfektionen an gesunden Kartoffelpflanzen im Bestand.

Die Symptomausprägung an den Pflanzen ist sehr mannigfaltig und hängt u. a. von der Virusart, der Sorte, der Witterung und auch der Düngungsintensität ab. Um die verschiedenen Virosen an der Ausbreitung zu hindern, besteht ne-

Abb. 12-2: Viele Blattlausarten, wie diese Grüne Pfirsichblattlaus, sind Überträger von Viruskrankheiten. Sie müssen daher wirkungsvoll bekämpft werden.

ben der Sortenwahl zunächst die Forderung, weitgehend gesundes Pflanzgut zu verwenden (Basis- oder Z-Pflanzgut), um mögliche Sekundärinfektionen von vornherein stark zu vermindern.

Hauptaugenmerk beim Einsatz von Insektiziden in Pflanzkartoffelbeständen gilt der Vektorenbekämpfung. Es ist zu verhindern, dass Viruskrankheiten durch Blattläuse auf gesunde Kartoffelpflanzen übertragen werden. Hier wird nicht erst nach Überschreiten von Schadschwellen mit dem Insektizideinsatz begonnen, da bereits eine einzige Blattlaus im Bestand nicht geduldet werden kann. Zu diesem Zweck wird dem Landwirt vom Pflanzenschutzamt in Form einer Warnmeldung signalisiert, wann er mit dem Zuflug von Kartoffelblattläusen rechnen kann und dementsprechend mit der 1. Vektorenbekämpfung zu beginnen ist.

Da Frühinfektionen durch zufliegende Blattläuse (Kartoffelblattläuse sowie auch andere PVY übertragende Blattläuse) besonders infektionsgefährlich sind, sollte der ersten Vektorenbekämpfung mit einem Kontaktmittel binnen einer Woche eine Anschlussspritzung folgen. Weitere Anschlussspritzungen werden in Abhängigkeit von der Populationsentwicklung und dem Fluggeschehen vom Pflanzenschutzamt signalisiert. Der Landwirt wird durch die Meldungen des Pflanzenschutzamtes jedoch nicht von seiner Pflicht entbunden, seine Bestände regelmäßig zu kontrollieren. Durch die Behandlung der Kartoffelschläge mit Insektiziden werden die einfliegenden Blattläuse abgetötet und der Aufbau einer siedelnden Population ungeflügelter Tiere verhindert.

Bei abweichenden örtlichen Bedingungen ist die Spritzfolge anzupassen. Bis zur Krautabtötung sollte ein Insektizidschutz gewährleistet sein.

Derzeitig stehen für die Vektorenbekämpfung Mittel dreier unterschiedlicher Wirkungsprinzipien zur Verfügung.

Bei **Kontaktwirkung** tritt bereits eine Wirkung bei der ersten Berührung ein. Hält sich die Blattlaus danach noch länger auf einer Pflanze auf, wird sie abgetötet, bevor sie weitere Pflanzen befliegen kann. Mittel dieses Wirkungsprinzips sind derzeit zur Abwehr geflügelter Vektoren am besten geeignet. Ein großer Teil der Blattläuse kann während des Probestiches inaktiviert werden.

Insektizide mit **systemischer Wirkung** (z. B. Teppeci) sind zur Abwehr des Frühjahrsflugs weniger geeignet. Eine Abtötung der Blattläuse ist erst möglich, wenn die Pflanze angestochen und besaugt wurde. Bei Probestichen auf verschiedenen Pflanzen kommt es zumeist jedoch nicht zu einer Saftaufnahme. Systemische Mittel sind jedoch bestens geeignet, wenn es gilt, den Aufbau von Blattlauspopulationen im Bestand zu verhindern. Die gesamte Pflanze wird von innen heraus geschützt.

Bei Trockenheit, Hitze und auch zum Ende der Vegetationszeit muss mit einem Abfall der Wirkungsdauer und -intensität gerechnet werden. Durch den verlangsamten Stoffwechsel wird von den Stauden weniger Wirkstoff aufgenommen, auch der Transport in der Pflanze ist eingeschränkt.

Insgesamt ist innerhalb der Spritzfolge auf einen Wirkstoffwechsel zu achten. Damit wird in der Regel auch das Wirkungsprinzip gewechselt und es werden gezielt alle Blattläuse erfasst. Bei stärkeren Hitzeperioden, insbesondere im Juli/August ist eine effektive Bekämpfung erschwert, da versteckt sitzende Blattläuse mit Kontaktmitteln nicht oder nur unzureichend erfasst werden und auch systemische Insektizide unter diesen Bedingungen Wirkungsschwächen aufweisen. Alle Insektizide sind in diesem Fall erst in den späten Abendstunden zu applizieren, da die Hitze deren Wirkungsgrad einschränkt.

Neben den Insektizidbehandlungen während der Vegetation ist auch bereits zur Auspflanzung der Knollen eine Beizung, möglich. Hiermit wird ein lang anhaltender Schutz vor einer Blattlausbesiedelung erreicht.

Obwohl die Frühjahrsbeizung je nach eingesetztem Mittel hauptsächlich der Bekämpfung des Schaderregers *Rhizoctonia solani* und des Silberschorfes dient, kann sie weiterhin zu einer Minderung des Frühbefalls mit Blattläusen und Virusvektoren sowie der Befallsminderung mit *Erwinia carotovora* und *Colletotrichum coccodes* führen.

Ein sicherer Schutz vor PVY-Infektionen kann aber nicht gewährleistet werden, daher sind weitere Insektizidbehandlungen notwendig.

Auftreten und Bekämpfung tierischer Schaderreger

Das Auftreten und die Bekämpfung tierischer Schaderreger beschränken sich meist auf Blattläuse als Virusvektoren, Kartoffelkäfer und Erdraupen. Bei letzteren wird der Bekämpfungsrichtwert von vier bis fünf befallenen Pflanzen je 25 Pflanzen nur selten überschritten.

Eine Bekämpfung der **Kartoffelkäfer** ist erst bei Erreichen der Schadensschwelle von 15 Eiern bzw. Larven je Pflanze bzw. 20 % Blattverlust durch Fraßschäden einzuleiten. Eine Kontrolle der Kartoffelflächen ist daher ständig notwendig.

Tab. 12-2: Wirkungen der Witterung auf das Auftreten von ausgewählten Krankheiten und Schädlingen der Kartoffel (Teil 1: Pilzkrankheiten)

Krankheit	Erreger	Bedingungen für verstärktes Auftreten	Maßnahmen zur Verminderung
Kraut- und Knollenfäule	*Phytophthora infestans*	hohe Luft- und Bodenfeuchte, Verbreitung von Sporen durch Luft in Windrichtung und durch Bodenwasser, Optimum bei 24°C	Sorten- und Pflanzgutwahl, Fungizideinsatz, Bodenwasserführung
Dürrflecken-krankheit	*Alternaria solani*	Regenfälle nach Trockenperioden in warmen Sommern	Sortenwahl, Fruchtfolge, Einsatz von Fungiziden
Gelbfleckigkeit	*Cercospora concors*	verstärktes Auftreten auf Beregnungsflächen, häufig paralleles Auftreten mit Phythophthora	separate Bekämpfung meist nicht erforderlich
Sclerotinia-Stängelfäule	*Sclerotinia sclerotiorum*	kühl-feuchte Witterung, nach starken Winden an verletzten Pflanzenstängeln	Fruchtfolge, tiefes Pflügen
Grauschimmel	*Botrytis cinerea*	kühl-feuchte Witterung, Schwächeparasit	gute Kaliversorgung, in D kaum Bedeutung
Fusarium-Welke	*Fusarium oxysporum*	trocken-heiße Witterung, Schwächeparasit	Beregnung
Wirtelpilz Welkekrankheit	*Verticillium* spp.	nach Trockenperioden Optima: *V. albo-astrum* 16–20 °C; *V. dahliae*: 24–28 °C	weite Fruchtfolge, in D kaum Bedeutung
Colletotrichum-Welkekrankheit	*Colletotrichum coccodes*	warme, trockene nach kühl-feuchter Witterung, Schwächeparasit, Optimum bei 28–30 °C	weite Fruchtfolge, Pflanzgutbeizung
Wurzeltöter-krankheit	*Rhizoctonia solani*	ungünstige Auflaufbedingungen, hohes Infektionspotenzial	Beizung, optimaler Pflanztermin
Tüpfelflecken-krankheit	*Polyscytalum pustulans*	kalte, feuchte Erntebedingungen auf schweren Böden	Fruchtfolge, Sortenwahl, frühe Ernte
Pulverschorf	*Spongospora subterranea*	kühl-feuchte Witterung	Fruchtfolge, Sortenwahl

Dabei zeigt sich, dass der Befall auf großen Kartoffelflächen oft vom Rand her oder auf einzelnen Teilflächen erfolgt, sodass dann auch nur eine Rand- bzw. Teilschlagbehandlung notwendig ist. Für die Bekämpfung des Kartoffelkäfers sowie von Blattläusen steht eine breite Palette Insektizide mit differenziertem Wirkungsspektrum zur Verfügung.

Bei der Wirkungsweise der Mittel gegen den Kartoffelkäfer handelt es sich überwiegend um eine Kombination aus Kontakt- und Fraßwirkung mit der sowohl die

Käfer, als auch die Larven bekämpft werden können. Hierzu gehören die Insektizide Coragen, Decis forte, Karate, Zeon und Mospilan. In Pflanzkartoffelbeständen wird durch die Vektorenbekämpfung der Kartoffelkäfer oft mitbehandelt.

Auch in der ökologisch orientierten Pflanzkartoffelproduktion kann der Kartoffelkäfer neben mechanischen Möglichkeiten – Absammeln per Hand bzw. Bio-Collector – mit biologischen Pflanzenschutzmitteln (z. B. Novodor FC) erfolgreich und effektiv bekämpft werden. Dieses Mittel basiert auf dem Wirkstoff Bacillus thuringiensis supsp. tenebrionis (Btt) der nur beim Fressen aufgenom-

Tab. 12-3: Wirkungen der Witterung auf das Auftreten von ausgewählten Krankheiten und Schädlingen der Kartoffel (Teil 2: Bakterien – und Viruskrankheiten)

Krankheit	Erreger	Bedingungen für verstärktes Auftreten	Maßnahmen zur Verminderung
Kartoffelschorf	*Steptomyces scabies*	leichte und trockene Böden, pH-Wert über 6,5	Sortenwahl, keine Kalkung vor Kartoffeln, Beregnung
Bakterienringfäule	*Clavibacter michiganensis*	Bodentemperaturen von 16-28°C, Übertragung durch Insekten	Pflanzguthygiene
Schwarzbeinigkeit	Erwinia-Gruppe (*Pectobacterium* spez. und *Dickeya* spp.)	leichte Böden, Wachstumsstress	Pflanzguthygiene
Schleimkrankheit	*Ralstonia solanacearum*	Beregnung mit Oberflächenwasser	Pflanzguthygiene
Strichelkrankheit	PVY-Stämme	früher und intensiver Vektorenflug, mechanischer Kontakt	Selektion im Bestand, Sortenwahl, Pflanzgutkontrolle, Insektizideinsatz, Abstand zu Nachbarschlägen mit Kartoffeln
Rollmosaik	PVM	Vektorenflug	s. PVY
Kartoffel-S-Virus	PVS	früher und intensiver Vektorenflug, mechanischer Kontakt	s. PVY
Blattrollkrankheit	PLRV	Vektorenflug	s. PVY, Sortenwahl
Stängelbunt- und Pfropfenkrankheit	TRV	sandige und anmoorige Böden, ausreichende Bodenfeuchte	Standortwahl
X-Virus Mosaik	PVX	mechanischer Kontakt	Minimierung mechanischer Pflegegänge
Raumosaik	PVA	Vektorenflug	s. PVY

Tab. 12-4: Wirkungen der Witterung auf das Auftreten von ausgewählten Krankheiten und Schädlingen der Kartoffel (Teil 3: Tierische Schaderreger)

Erreger	Bedingungen für verstärktes Auftreten	Maßnahmen zur Verminderung
Blattläuse	milde Winter, Thermik und Wind begünstigen die Verbreitung, windstille Lagen begünstigen den Befall, generell vergleichsweise höhere Temperaturen fördern die frühe Entwicklung	Standortwahl, Sortenwahl, Insektizideinsatz
Kartoffelkäfer	früher feuchter Vorherbst, kalter Winter, warmes Frühjahr sowie warmer nicht trockener Sommer	Fruchtfolge, Insektizideinsatz, Durchwuchsbekämpfung
Drahtwürmer	hoher Humusgehalt, hohe Bodenfeuchte, niedriger pH-Wert, Unkrautfreiheit	Vermeiden von Kartoffelanbau nach Grünlandumbruch
Wintersaateule/ Gammaeule/ Y-Eule	humoser trockener Boden, warmes und trockenes Wetter	Beregnung, Insektizideinsatz
Wurzelmilben	feucht-warme Witterung, nach Vorfrüchten Zwiebeln und Möhren	Fruchtfolge
Nacktschnecken	bevorzugt auf feuchten Standorten und nach Regenfällen, Schaden durch Knollenfraß in trockenen Sommern	Standortwahl, kein Anbau nach Raps und Grünbrache auf feuchten Standorten
Nematoden (gelbe und weiße)	Verbreitung durch Wind- und Wassererosion, aber auch Ackergeräte, wachstumsfördernde Maßnahmen, wie Düngung und Beregnung	Standortwahl, Fruchtfolge, Sortenwahl, Durchwuchsbekämpfung
Freilebende Wurzelnematoden	feuchte, nicht zu warme Witterung	Fruchtfolge

men wird und daher als nützlingsschonend eingestuft wird. Der Einsatz von Novodor FC sollte bereits möglichst früh erfolgen, da die besten Bekämpfungserfolge bei den Larvenstadien L_1 bis L_2 bei einem Mittelaufwand von 3 l/ha erreicht werden. Für eine Bekämpfung der Larvenstadien L_3 bis L_4 werden schon 5 l/ha benötigt. Damit erhöht sich der finanzielle Aufwand um ca. 30 Euro/ha je Behandlung. In der Regel sind, je nach Befallsdruck, zwei bis drei Behandlungen ausreichend.

Im ökologischen Landbau kann auch NeemAzal-TS sowie SpinTor gegen Kartoffelkäfer eingesetzt werden.

13 Erntevorbereitung

Zu den Maßnahmen der Erntevorbereitung gehören:

- die Krautminderung,
- das Abernten des Vorgewendes,
- das Anroden von Teilschlägen (bei großen Schlägen),
- die Qualitätskontrolle des Ernteguts, insbesondere der Knollengrößenstruktur zur Verminderung eines hohen Anteils an Übergrößen,
- Kontrolle des Rüstzustands der Erntetechnik und der Technik zur Aufbereitung und Einlagerung sowie die
- Vorbereitung der Lagerräume und der Technik zur Raumklimatisierung.

Durch den Einsatz eines Krautschlägers (Abb. 13-1) kann die oberirdische Pflanzenmasse des Kartoffelbestands auf etwa 4 bis 5 t/ha reduziert werden. Das alleinige **Krautschlagen** reicht zur vollständigen Krautabtötung oft nicht aus. Daher ist eine Reststängellänge zwischen 20 und 30 cm einzuhalten, um noch genügend Pflanzenmaterial für die wirksame Aufnahme eines gegebenenfalls einzusetzenden Sikkativs sowie eine umfassende Abtrennung des Restkrauts im Roder sicherzustellen. Insbesondere bei Pflanzkartoffeln der Reifegruppe III und IV, wo in Abhängigkeit vom Läuseflug bzw. der Knollengröße der Termin der Krautabtötung vorverlegt wird, ist die natürliche Abreife des Krauts noch nicht erreicht, sodass ein Wiederaustrieb der Reststängel auftreten kann. Wiederaustrieb stellt eine große Gefahrenquelle für Virusspätinfektionen, aber auch für Spätinfektionen mit Kraut- und Braunfäule, dar. Weiterhin führt Wiederaustrieb zu einer ungleichmäßigen Entwicklung der Schalenfestigkeit und damit zu möglichen Qualitätsproblemen.

Die Arbeitsbreiten von Krautschläger und Legemaschine müssen übereinstimmen, um das qualitätsmindernde Überfahren von Anschlussspuren zu vermeiden. Die Krautschläger sind heute zunehmend für den Heck- und Frontanbau geeignet, wobei der Frontanbau den Vorteil hat, dass vor den Schlagwerkzeugen kein Kraut durch die Schlepperreifen heruntergefahren wird.

Als Arbeitswerkzeuge haben sich querstehende Schlegelmesser im Bereich der Dammkrone und Längswerkzeuge in den Furchen bewährt. Die abgeschlagenen Krautteile werden breitflächig oder über Krautleitbleche vor allem in die Furchen abgegeben.

Die **chemische Krautabtötung** kann, sowohl in einem Arbeitsgang mit dem Krautschlagen, als auch als getrennter Arbeitsgang etwa 24 Stunden nach dem Krautschlagen, erfolgen. Letztere Variante wird hauptsächlich praktiziert.

Als Sikkationsmittel können z. B. Beloukha und Shark eingesetzt werden. Sie wirken wie ein Kontaktherbizid. Deshalb ist in jedem Fall eine möglichst vollständige Benetzung des Krauts und der Stängel notwendig. Insbesondere bei krautwüchsigen Kartoffelsorten ist bei der chemischen Krautabtötung ohne vorherige mechanische Krautminderung unbedingt ein Splittingverfahren anzuwenden. Beim ersten Einsatz werden hauptsächlich die oberen Blätter und bei der nachfolgenden Behandlung drei bis sieben Tage später die unteren Blat-

Abb. 13-1: Zur Förderung einer gleichmäßigen Abreife der Knollen erfolgt üblicherweise zwei bis drei Wochen vor der Ernte die Krautabtötung. Neben der Vermeidung der Übertragung von Virusinfektionen vom Kraut in die Knolle, lässt sich so eine ausreichende Schalenfestigkeit zur Verbesserung der Lagerfähigkeit erzielen. Mit dem Krautschläger – anstelle oder in Ergänzung zur Sikkation – wird das Kartoffelkraut mechanisch zerkleinert und zwischen den Dämmen abgelegt. Die Ablage des abgeschlagenen Kartoffelkrauts zwischen den Dämmen reduziert die Verstopfungsneigung am Rodeaggregat und erhöht die Durchsatzleistung bei extremen Krautmassen. Außerdem lassen sich die Stängel der Kartoffelpflanzen anschließend mit Herbiziden behandeln.

tetagen und die Stängel zerstört. Aufgrund der stärkeren Wiederaustriebsgefahr nach der Anwendung von Reglone wird in der Praxis zum Teil die zweite Behandlung mit Basta durchgeführt.

Als Alternative zur chemischen Krautminderung lassen sich nach dem Krautschlagen auch das Krautziehen, die thermische Behandlung oder das Grünroden durchführen.

Beim **Krautziehen** bilden der im Frontanbau betriebene Krautschläger und der in der Dreipunkthydraulik angebaute Krautzieher eine Einheit. Als Zugwerkzeuge werden luftgefüllte, rotierende Gummiballons oder horizontal umlaufende Gummiriemen verwendet. Der Anteil nicht gezogener Reststängel hängt, sowohl von der Qualität der Lege- und Pflegearbeiten, als auch vom Sortenverhalten und dem Zustand des Krauts zum Zeitpunkt des Krautziehens ab.

Bei der **thermischen Krautminderung** erfolgt die Wärmeübertragung auf das geschlagene Kraut über die offene Flamme oder eine Infrarotstrahlung und führt in den Pflanzenzellen zu einer Denaturierung des Eiweißes. Die anschließende Austrocknung des Pflanzengewebes tritt etwa zwei bis drei Tage langsamer als bei der Anwendung chemischer Sikkative ein. Stärker in der Abreife befindliches Kartoffelkraut lässt sich sicherer und leistungsfähiger als ein noch wüchsiger Bestand abtöten. Die einzelnen Sorten zeigen auch bei diesem Krautminderungsverfahren eine unterschiedliche Neigung zum Wiederaustrieb.

Beim **Grünroden oder dreigeteilten Ernteverfahren** schließt sich an das Krautschlagen eine Aufnahme der Kartoffeln mit einem herkömmlichen Schwadleger an. Die abgelegten Schwade werden dann durch zwei oder vier Hohlscheiben zugedeckt, die entweder direkt am Schwadleger montiert sind oder als eigenständiges Gerät einen weiteren Arbeitsgang erforderlich machen. Nach einer Zwischenlagerung von etwa zwei bis drei Wochen können die schalen-

Abb. 13-2: Je früher das Krautschlagen, desto größer ist das Risiko, dass die Kartoffeln erneut auskeimen. Zudem kommt es beim Schlegeln häufig zu grünen Knollen und Verbreitung von Bakterien im Bestand. Eine Kombination von mechanischem Krautschlagen und chemischen Sikkativen ist daher oft die beste Wahl.

festen Kartoffeln durch ein erneutes Schwadlegen oder die direkte Aufnahme mit einem Sammelroder geerntet werden. Das Schwadlegen der noch losschaligen Kartoffeln beinhaltet eine besonders hohe Beschädigungsgefahr, sodass eine knollenschonende Handhabung des Schwadlegers und das Ausnutzen günstiger Witterungsbedingungen beim Grünroden wichtig sind. Das Entfernen des Kartoffelkrauts aus dem Schwad fördert das Lagerungsverhalten und führt zusammen mit der beim Schwadlegen vollzogenen Trennung von Wurzeln und Knollen zu einem vergleichsweise geringeren Rhizoctonia-Sklerotien-Besatz auf den Kartoffeln. Darüber hinaus ist die Gefahr des Wiederaustriebs bei einer vollständigen Erdbedeckung der Schwade äußerst gering.

Abb. 13-3: Zum Zeitpunkt der Krautminderung müssen die Kartoffeln im Laub erste Abreifeerscheinungen zeigen, einen sortenspezifischen Mindeststärkegehalt aufweisen und eine der Verwertung entsprechende Knollengröße besitzen.

14 Ernte

Bei der **Kartoffelernte** stehen eine hohe Flächenleistung und eine knollenschonende Arbeitsweise als zumindest gleichwertige Zielstellungen im Vordergrund. Darüber hinaus stellen die einzelnen Verwertungsrichtungen spezielle Anforderungen, die es weitestgehend zu erfüllen gilt:

- wenig Knollenverluste beim Roden,
- beschädigungsarme Kartoffeln,
- keine Mutterknollen im Erntegut,
- geringer Erd- und Beimengungsanteil.

Die betrieblichen Rahmenbedingungen entscheiden über die jeweilige Bauart, Größe und Ausstattung der Erntemaschine. Die Modulbauweise der Sammelroder erlaubt dabei auf der Basis einzelner Grundversionen eine Vielzahl von Ausstattungsvarianten.
Je nach Anzahl und Art der integrierten Funktionen werden unterschieden:

- Schwingrad und Schwingsiebroder mit Pferdezug (Abb. 14-1)
- Schwingrad und Schwingsiebroder zapfwellengetrieben (Abb. 14-1)
- Schwadlader
- Rodeschwader
- Rodelader (Abb. 14-2)
- Rodeausleselader (Abb. 14-3)
- Rodetrenn- und ausleselader (Abb. 14-4 bis 14-6)

Weitere Unterscheidungsmerkmale bestehen in der Anzahl der zu rodenden Kartoffeldämme und dem Antrieb (gezogen, selbstfahrend).

Bei den einreihigen Kartoffelsammelrodern sind seitliche Dammaufnahme, Hauptsiebkanal, Krauttrennung, aktive Beimengungstrenneinrichtung, Verlesestand und Rollbodenbunker grundlegende Baugruppen.

Aufgrund der Siebfläche und der Bunkergröße lassen sich die Maschinen in drei Leistungsklassen einteilen. Die größte Verbreitung haben die Sammelroder der

Abb. 14-1: Kartoffelroder mit Pferdezug und mit Zapfwellenantrieb

Abb. 14-2: Zweireihiger Rodelader

mittleren und oberen Leistungsklasse, während die Maschinen mit einem Bunkerfassungsvermögen von bis zu zwei Tonnen von Betrieben mit kleiner Anbaufläche bevorzugt werden.

Die Mittelklassemaschinen mit einem Bunkerfassungsvermögen von zwei bis drei t sind auf größeren Flächen und mit geringen Einschränkungen auch für das geteilte Ernteverfahren einsetzbar.

Die mehrreihigen Sammelroder der höchsten Leistungsklasse verfügen über entsprechend dimensionierte Siebflächen und ein Bunkerfassungsvermögen über drei Tonnen Kartoffeln. Sie eignen sich für große kartoffelanbauende Betriebe, aber auch für den überbetrieblichen Einsatz. Der große Bunker bietet zudem gute Voraussetzungen für das geteilte Ernteverfahren.

Für höhere Flächenleistungen stehen sowohl zwei- und vierreihige gezogene als auch selbstfahrende Kartoffelsammelroder zur Verfügung. Selbstfahrer blieben aus Kostengründen bisher auf Einzelfälle beschränkt.

Die zweireihigen Bunkerroder kommen durch die zunehmende Verfügbarkeit von aktiven Beimengungstrenneinrichtungen auch in Anbaugebieten, die aufgrund des hohen Beimengungsanteils bisher einreihigen Sammelrodern vorbehalten waren, zum Einsatz.

Die von den Einreihern bekannten Trenneinrichtungen wurden dazu in ihrer Größe und Leistungsfähigkeit den Anforderungen der zweireihigen Erntemaschinen angepasst.

Abb. 14-3: Zweireihiger Rodeausleselader

Abb. 14-4: Einreihiger Kartoffelroder mit 6-Tonnen-Bunker

Abb. 14-5: Zweireihiger Seitenbunkerroder mit 6-Tonnen-Bunker

Abb. 14-6: Zweireihig seitengezogener Roder mit 8-Tonnen-Bunker

Eine Alternative zur direkten Ernte stellt das **geteilte Ernteverfahren** dar. Dabei werden die Kartoffeln zunächst von einem Schwadleger in einem Längsschwad abgelegt und später von einem Sammelroder aufgenommen (Abb. 14-8).

Durch die Abtrocknung des Bodens und der Kartoffeln im Schwad wird der Erhalt der ursprünglich hellen Schalenfarbe der Knollen unterstützt. Gleichzeitig weisen die trockenen und sauberen Kartoffeln eine bessere Lagerfähigkeit auf. Dies ist umso wichtiger, je schwieriger sich eine Sorte lagern lässt und je einfacher das Belüftungssystem des Lagers ist.

Die Dauer der Zwischenlagerung auf dem Schwad richtet sich nach dem Abtrocknungsgrad der Kartoffeln und des Bodens und schwankt in der Praxis zwischen einer halben und drei Stunden. Bei hohen Temperaturen sollte eine möglichst kurze Abtrocknungsphase eingeplant werden, um die Kartoffeln nicht zu warm einlagern zu müssen.

Abb. 14-7: Kartoffelroder vierreihig selbstfahrend

Als Schwadleger kommen spezielle zwei- und vierreihige Vorratsroder zum Einsatz, die sich durch eine eigenständige Tiefenführung, ausreichende Siebflächen und eine geschlossene Schwadablage auszeichnen.

Für die Schwadaufnahme werden bei den herkömmlichen Sammelrodern Schar und Dammwalze gegen eine angetriebene Aufnahmewelle und ein Tiefenführungsrad ausgetauscht. Dem fehlenden Erdpolster auf der Siebkette wird durch die größere Kartoffelmenge, zum Beispiel bei der Kombination von zweireihigem Schwadleger und einreihigem Sammelroder, entgegengewirkt.

Die Vorgabe des amtlichen Tottermins und die angestrebte Vermeidung von Übergrößen führen bei den Pflanzkartoffeln zu einer frühzeitigen Krautminderung und Ernte. Um die Knollenverluste bei dem kleiner fallenden Erntegut und damit auch die Gefahr des Auflaufens von Kartoffeln in den nachfolgenden Kulturen möglichst gering zu halten, müssen die Siebketten einen engeren Stab-

Abb. 14-8: Im geteilten Ernteverfahren trocknen die Kartoffeln bei der Zwischenlagerung im Schwad ab.

Abb. 14-9: Schonende, effiziente Reinigung auf dem Roder durch Fingerkämme, Ableitwalzen und gummibeschichtete Bänder, auch bei hoher Durchsatzleistung

abstand aufweisen. Die dadurch verringerte Absiebung hat bei den zumeist trockenen Böden aber kaum Einfluss auf die Rodeleistung.

Kleine Kartoffeln sind auch bei den auf schwereren Böden stärker verbreiteten Axialwalzen-Trenneinrichtungen ein begrenzender Faktor, da sie eher von den profilierten Walzen erfasst und beschädigt werden können. Dem manuellen Verlesen des Rodeguts kommt bei der Ernte von Pflanzkartoffeln eine besondere Bedeutung zu. Vor allem faule Kartoffeln und Mutterknollen sollten aus dem Gutstrom entfernt werden, bevor sie durch starke Eigenbewegungen beim Überladen und bei der anschließenden Einlagerung weitere Knollen infizieren.

Ein relativ früher Erntetermin geht häufig mit trockenen und warmen Rodebedingungen einher, sodass günstigere Voraussetzungen für eine beschädigungsarme Ernte vorliegen. Dennoch kommen der richtigen Einstellung und Bedienung der Roder eine entscheidende Bedeutung für die Kartoffelqualität zu. Dabei ist besonders zu beachten:

- Erhöhung der Fahrgeschwindigkeit bei gleicher Motordrehzahl verringert die Beschädigungsgefahr.
- Rodetiefe so flach wie möglich einstellen, ohne dass Kartoffeln vom Schar angehackt werden.
- Umlaufgeschwindigkeiten der Siebketten und Transportbänder sollten möglichst niedrig bleiben, um ein Springen oder Rollen der Kartoffeln zu verhindern.
- Siebkettenrüttler grundsätzlich vorsichtig und nur bei wirklichem Bedarf einstellen.

- Beim Befüllen des Bunkers Höhenverstellung des Verlesebands und Polsterung des Rollbodens ausnutzen.
- Fallhöhe bei allen Übergängen möglichst gering halten, auch beim Beladen der Transportfahrzeuge.

Hinzu kommt, dass bei frühzeitiger Krautminderung ein Teil der Sorten auch noch zu stärkerer Krauthängigkeit neigt, sodass eine intensivere Einstellung der Krauttrenneinrichtungen im Sammelroder erforderlich wird. Der damit verbundene Anstieg der Beschädigungsgefahr, insbesondere bei den Krautzupfwalzen, ist nicht zu vernachlässigen.

Knollenbeschädigungen können an jeder Stelle des Roders auftreten. Dem Schlepperfahrer kommt eine Schlüsselrolle bei der Vermeidung von Knollenbeschädigungen zu.

Starke mechanische Beanspruchung führt nicht nur zu direkten äußeren und inneren Knollenverletzungen, sondern erhöht auch die Infektionsgefahr im Lager. Pilzlichen und bakteriellen Krankheitserregern werden vielfach erst durch die Beschädigungen Eintrittsöffnungen in die Knollen geschaffen, wo sie sich weiterentwickeln können. Gleichzeitig steigt die Wasserabgabe der Knollen im Lager durch die Beschädigungen an und fördert die Neigung zur Schwarzfleckigkeit bei der späteren Aufbereitung.

Ein weiteres Qualitätsmerkmal, welches besondere Beachtung erfordert, ist die Verfärbung des Knollenfleisches insbesondere durch Schwarzfleckigkeit.

Aus zahlreichen Untersuchungen und Analysen geht hervor, dass neben den Sortenmerkmalen die nachstehenden Faktoren während des Anbaus einen direkten oder indirekten Einfluss auf die Neigung und das Ausmaß von **Verfärbungen** haben:

Abb. 14-10: Reduzierung der Fallhöhe zur schonenden Übergabe des Ernteguts beim Entleeren des Bunkers durch automatische Fallhöhenanpassung und Bunkervorschub mit Bunkerbefüllschlitten (hydraulisch klappbares Knickvorderteil), links, oder Trichter zur Befüllung von Kisten und für zusätzliche Produktschonung, rechts.

- Ausgeglichene und nicht überhöhte Nährstoffversorgung bei guter Versorgung des Bodens mit organischer Substanz mindert die Anfälligkeit gegen Verfärbung.
- Ausreichende Kaliversorgung hat großen Einfluss auf geringe Verfärbungsneigung.
- Überhöhte Stickstoffgaben verzögern die natürliche Abreife und führen zu erhöhter Beschädigungsempfindlichkeit. Geringste Schwarzfleckigkeit wurde dagegen bei ausgeprägtem N-Mangel festgestellt.
- Kontinuierlicher Wassermangel führt meist zu vorzeitigem Absterben und über dem sortentypischen Durchschnitt liegenden Trockensubstanzgehalten, geringerem Turgor und schnellerer physiologischer Alterung, was meist mit erhöhter Anfälligkeit gegen Verfärbung verbunden ist. Hohe Wassersättigung des Bodens hat dagegen einen hohen Turgor der Knollen zur Folge, was die Beschädigungsempfindlichkeit erhöht.
- Hohe Temperaturen während des Aufwuchses fördern die Einlagerung von Trockenmasse in die Knollen und beschleunigen die physiologische Alterung der Knollen mit der Gefahr erhöhter Anfälligkeit gegen Verfärbung. Während der Ernte bedeuten hohe Knollentemperaturen allerdings eine Verminderung der Beschädigungsempfindlichkeit.

15 Transport und Einlagerung

Transport und Einlagerung

Während der Ernte und des Umschlages bis zur Einlagerung wirkt eine Vielzahl von Einflussgrößen über die Anzahl und Intensität mechanischer Beanspruchungen auf die Kartoffeln ein. Das beginnt auf der Erntemaschine und setzt sich bei der Übergabe auf das Transportmittel fort (Abb. 15-1).

Ausgeprägt positive Wirkungen im Sinne geringer Knollenbeschädigungen haben (Abb. 15-2–15-4):

- Geringe Beschädigungsempfindlichkeit der Sorte
- Zunehmender Reifegrad der zu erntenden Kartoffeln
- Mittlere Einzelknollenmasse
- Knollen- und Bodentemperaturen möglichst über 10 °C
- Abnehmender Zellinnendruck (Turgor)
- Ausreichende Bodenfeuchte und geringer Anteil stückiger Beimengungen im Erntegut
- Geringe Amplitude der Schüttelelemente der Erntemaschine
- Geringe Umlaufgeschwindigkeit der Trenn- und Förderelemente
- Elastizität der Unterlage bei der Übergabe des Gutstroms
- Niedrige Fallhöhen
- Kurze Rollstrecken und wenig Gutstromumlenkungen
- Wenig Umschlagprozesse
- Generell: Verminderung der Druck- und Stoßbelastungen.

Durch die Gestaltung der nachfolgenden Prozesse kann sehr wirksam die Gefährdung der Knollen durch mechanische Beanspruchungen gesenkt werden. Die Ernte mit Rodeladern bringt gegenüber dem Einsatz von Rodetrennladern unter Einbezug der Aufbereitungstechnik eine absolute Verminderung der mechanischen Beanspruchung im Herbst, was sich positiv auf das Lagerungsverhalten der Kartoffeln auswirken kann (Abb. 15-5).

Je weniger Trennprozesse vor dem Einlagern erfolgen, umso geringer ist die Gefahr von Knollenbeschädigungen.

Abb. 15-1: Das Befüllen von Großkisten auf dem Feld bedingt einen höheren Zeitaufwand, kann aber zur Qualitätserhaltung der Kartoffeln beitragen.

Andererseits verbessert das Abtrennen von Beimengungen und nicht marktfähiger Ware die Auslastung der Lagerkapazität und erleichtert das Durchlüften des Kartoffelstapels im Lager.

Für die Einlagerung von Kartoffeln in loser Schüttung steht eine Vielzahl an Teleskopbändern und sogenannten Lagerfüllern zur Verfügung (Abb. 15-7 und 15-8).

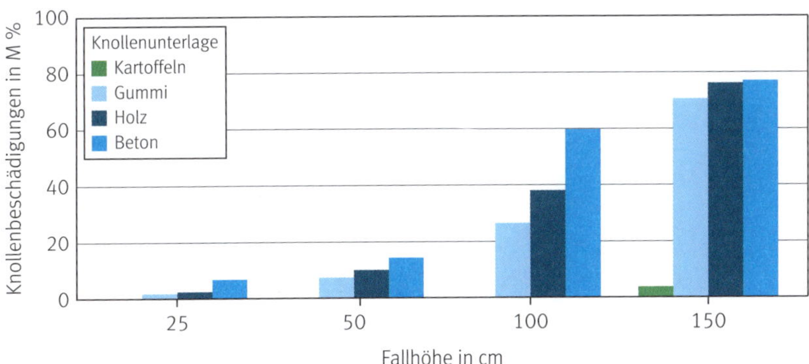

Abb. 15-2: Knollenbeschädigungen in Abhängigkeit von Knollenunterlage und Fallhöhe (Quelle: Larson in Pötke,1980)

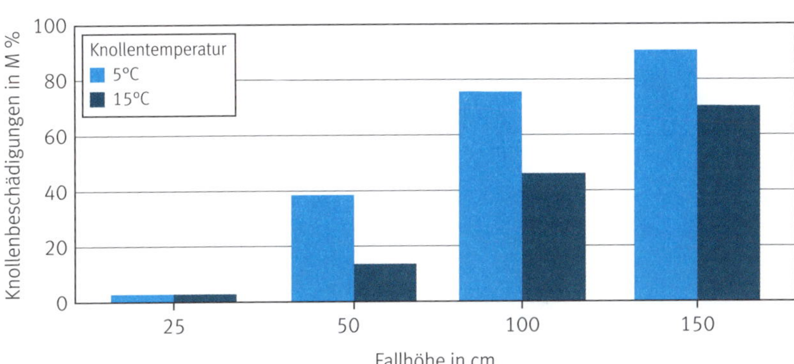

Abb. 15-3: Knollenbeschädigungen in Abhängigkeit von Knollentemperatur und Fallhöhen (Quelle: Larson in Pötke, 1980)

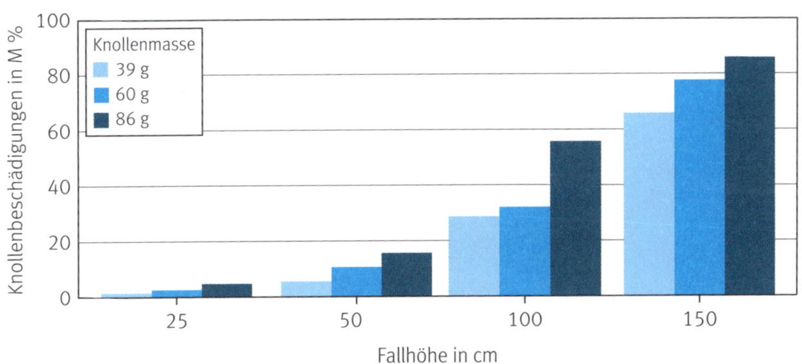

Abb. 15-4: Knollenbeschädigungen in Abhängigkeit von Knollenmasse und Fallhöhe (Quelle: Larson in Pötke, 1980)

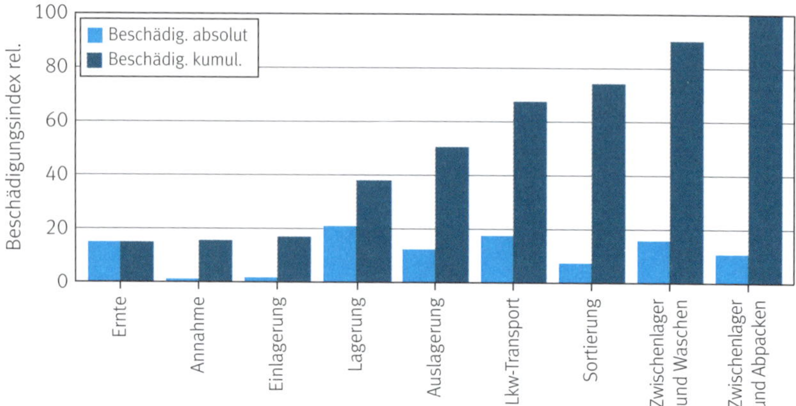

Abb. 15-5: Anteile von Knollenbeschädigungen bei Ernte, Lagerung und Aufbereitung (Quelle: verändert nach Boumann, 1995)

Abb. 15-6: Annahme von Kartoffeln vom Heckkipper mit Vorsortierung

Abb. 15-7: Schwenkbarer Lagerfüller

Abb. 15-8: Einlagerungsgerät CSB 2.600 mit großem Schwenkradius

Bildquellenverzeichnis

Cover: diyanadimitrova – stock.adobe.com

S. 15 (links): KWS; **S. 16:** John Deere; **S. 19:** Rafael Ben-Ari – stock.adobe.com; **S. 21, 22 (oben):** EUROPLANT, **(unten):** DLG; **S. 25:** Lemken; **S. 29:** Grimme; **S. 32:** DLG- Merkblatt 356; **S. 33 (oben links):** Amazone, **(oben rechts):** AVR, **(unten):** Muss Agrartechnik; **S. 36:** Tolsma; **S. 41:** AVR; **S. 43 (oben):** Grimme; **(unten), 44, 47, 48:** Grimme; **S. 53, 55 (links):** Habeland, **(rechts):** Yara; **S. 56 (oben):** Habeland, **(unten):** North Dakota State University; **S. 58:** Yara; **S. 59:** Habeland, **S. 60 (links oben, links unten):** Yara, **(rechts oben, rechts unten):** Habeland; **S. 63:** Amazone; **S. 68:** International Service for the Acquisition of Agri-biotech Applications (ISAAA); **74:** Lemken; **75:** Grimme; **S. 77:** Grimme; **S. 78:** Grimme; **S. 80:** K.U.L.T. Kress Umweltschonende Landtechnik; **S. 82:** Amazone; **S. 87:** Beinlich; **S. 90:** Deutscher Wetterdienst; **S. 93:** Fricke; **S. 97:** Burgis; **S. 99:** DPIRD; **S. 100 (oben):** Kürzinger, LWK Niedersachsen, **(unten):** Radtke u. a. 2000; **S. 101 (oben alle, unten links):** Steinbach, LWK Niedersachsen, **(unten Mitte):** Kürzinger, LWK Niedersachsen, **(unten rechts):** Thiel, LWK Niedersachsen; **S. 102 (links):** Steinbach, LWK Niedersachsen, **(rechts):** Kürzinger, LWK Niedersachsen; **S. 103:** Steinbach, LWK Niedersachsen; **S. 104: (a, c–f):** Steinbach, LWK Niedersachsen, **(b):** Kürzinger, LWK Niedersachsen; **S. 107 (oben):** Kürzinger, LWK Niedersachsen, **(Mitte):** Steinbach, LWK Niedersachsen; **S. 113:** Kverneland; **S. 117:** Rasbak, Wikimedia; **S. 119:** Bayer; **S. 125:** ROPA; **S. 127:** Grimme; **S. 128:** AVR; **S. 129, 131:** Grimme; **S. 132 (links):** Wolfgang Sauber, Wikipedia, **(rechts):** DEMA; **S. 133 (oben):** Grimme, **(unten):** Weimar Werk; **S. 134 (oben links):** ROPA, **(oben rechts):** AVR, **(unten):** Grimme; **S. 135 (oben):** Grimme, **(unten):** Peters; **S. 136:** ROPA; **S. 137 (links):** Grimme, **(rechts):** ROPA; **S. 139:** Grimme; **S. 140:** Peters; **S. 142 (Mitte links), (unten):** AVR, **(Mitte rechts):** Dewulf (Miedema); **S. 143:** weyo – stock.adobe.com

Sachwortregister